"神话学文库"编委会

主　编

叶舒宪

编　委

（以姓氏笔画为序）

马昌仪	王孝廉	王明珂	王宪昭
户晓辉	邓　微	田兆元	冯晓立
吕　微	刘东风	齐　红	纪　盛
苏永前	李永平	李继凯	杨庆存
杨利慧	陈岗龙	陈建宪	顾　锋
徐新建	高有鹏	高莉芬	唐启翠
萧　兵	彭兆荣	朝戈金	谭　佳

"神话学文库"学术支持

上海交通大学文学人类学研究中心

上海交通大学神话学研究院

中国社会科学院比较文学研究中心

陕西师范大学人文社会科学高等研究院

上海市社会科学创新研究基地——中华创世神话研究

"十二五""十三五"国家重点图书出版规划项目
第五届、第八届中华优秀出版物奖获奖作品

神话学文库
叶舒宪主编

苏美尔神话
SUMERIAN MYTHOLOGY

[美] 萨缪尔·诺亚·克拉莫尔 (Samuel Noah Kramer) ◎著
叶舒宪 金立江◎译

陕西师范大学出版总社

图书代号　SK23N1147

本书译自 S. N. Kramer, Sumerian Mythology, University of Pennsylvania Press, 1944, revised 1961

图书在版编目(CIP)数据

苏美尔神话 /（美）萨缪尔·诺亚·克拉莫尔著；叶舒宪，金立江译. —西安：陕西师范大学出版总社有限公司, 2023.10
（神话学文库 / 叶舒宪主编）
ISBN 978-7-5695-3688-1

Ⅰ.①苏… Ⅱ.①萨… ②叶… ③金… Ⅲ.①苏美尔—两河流域文化—文化史 Ⅳ.①K124

中国国家版本馆 CIP 数据核字（2023）第 156538 号

苏美尔神话
SUMEIER SHENHUA
[美] 萨缪尔·诺亚·克拉莫尔　著
叶舒宪　金立江　译

出 版 人	刘东风
责任编辑	王丽敏
责任校对	谢勇蝶
出版发行	陕西师范大学出版总社
	（西安市长安南路 199 号　邮编 710062）
网　　址	http://www.snupg.com
印　　刷	中煤地西安地图制印有限公司
开　　本	720 mm × 1020 mm　1/16
印　　张	14.25
插　　页	4
字　　数	152 千
版　　次	2023 年 10 月第 1 版
印　　次	2023 年 10 月第 1 次印刷
书　　号	ISBN 978-7-5695-3688-1
定　　价	86.00 元

读者购书、书店添货或发现印刷装订问题，请与本公司营销部联系、调换。
电话：(029)85307864　85303629　　传真：(029)85303879

"神话学文库"总序

叶舒宪

神话是文学和文化的源头，也是人类群体的梦。

神话学是研究神话的新兴边缘学科，近一个世纪以来，获得了长足发展，并与哲学、文学、美学、民俗学、文化人类学、宗教学、心理学、精神分析、文化创意产业等领域形成了密切的互动关系。当代思想家中精研神话学知识的学者，如詹姆斯·乔治·弗雷泽、爱德华·泰勒、西格蒙德·弗洛伊德、卡尔·古斯塔夫·荣格、恩斯特·卡西尔、克劳德·列维－斯特劳斯、罗兰·巴特、约瑟夫·坎贝尔等，都对20世纪以来的世界人文学术产生了巨大影响，其研究著述给现代读者带来了深刻的启迪。

进入21世纪，自然资源逐渐枯竭，环境危机日益加剧，人类生活和思想正面临前所未有的大转型。在全球知识精英寻求转变发展方式的探索中，对文化资本的认识和开发正在形成一种国际新潮流。作为文化资本的神话思维和神话题材，成为当今的学术研究和文化产业共同关注的热点。经过《指环王》《哈利·波特》《达·芬奇密码》《纳尼亚传奇》《阿凡达》等一系列新神话作品的"洗礼"，越来越多的当代作家、编剧和导演意识到神话原型的巨大文化号召力和影响力。我们从学术上给这一方兴未艾的创作潮流起名叫"新神话主义"，将其思想背景概括为全球"文化寻根运动"。目前，"新神话主义"和"文化寻根运动"已经成为当代生活中不可缺少的内容，影响到文学艺术、影视、动漫、网络游戏、主题公园、品牌策划、物语营销等各个方面。现代人终于重新发现：在前现代乃至原始时代所产生的神话，原来就是人类生存不可或缺的文化之根和精神本源，是人之所以为人的独特遗产。

可以预期的是，神话在未来社会中还将发挥日益明显的积极作用。大体上讲，在学术价值之外，神话有两大方面的社会作用：

一是让精神紧张、心灵困顿的现代人重新体验灵性的召唤和幻想飞扬的奇妙乐趣；二是为符号经济时代的到来提供深层的文化资本矿藏。

前一方面的作用，可由约瑟夫·坎贝尔一部书的名字精辟概括——"我们赖以生存的神话"（Myths to live by）；后一方面的作用，可以套用布迪厄的一个书名，称为"文化炼金术"。

在21世纪迎接神话复兴大潮，首先需要了解世界范围神话学的发展及优秀成果，参悟神话资源在新的知识经济浪潮中所起到的重要符号催化剂作用。在这方面，现行的教育体制和教学内容并没有提供及时的系统知识。本着建设和发展中国神话学的初衷，以及引进神话学著述，拓展中国神话研究视野和领域，传承学术精品，积累丰富的文化成果之目标，上海交通大学文学人类学研究中心、中国社会科学院比较文学研究中心、中国民间文艺家协会神话学专业委员会（简称"中国神话学会"）、中国比较文学学会，与陕西师范大学出版总社达成合作意向，共同编辑出版"神话学文库"。

本文库内容包括：译介国际著名神话学研究成果（包括修订再版者）；推出中国神话学研究的新成果。尤其注重具有跨学科视角的前沿性神话学探索，希望给过去一个世纪中大体局限在民间文学范畴的中国神话研究带来变革和拓展，鼓励将神话作为思想资源和文化的原型编码，促进研究格局的转变，即从寻找和界定"中国神话"，到重新认识和解读"神话中国"的学术范式转变。同时让文献记载之外的材料，如考古文物的图像叙事和民间活态神话传承等，发挥重要作用。

本文库的编辑出版得到编委会同人的鼎力协助，也得到上述机构的大力支持，谨在此鸣谢。

是为序。

人类的黄金时代

这块泥版（29.16.422，出土于尼普尔，收藏在大学博物馆）是尚未出版的一块，它属于一部苏美尔史诗[1]①，其内容是关于英雄恩美卡（Enmerkar）的，他在公元前第四千纪的某一时段统治着苏美尔的城市乌鲁克（Erech）②。黑线所圈起来的段落描绘了人类生活在一个既是有福的，也是没有天敌的宇宙和平的时代，那时人类还不知恐惧，也还未经历"语言的变乱"；其内容[2]令人回想起《创世记》XI：1章的场面，记

---

① 上标方括号中的数字与字母分别为原注释和补充注释，请参考本书第五章内容，全书都是如此。——译注
② 克拉莫尔根据《圣经》中的称呼把"乌鲁克"（Uruk）称为"埃里克"，现在一般都通译为"乌鲁克"。——译注

录如下:

在那些日子,没有毒蛇,没有蝎子,没有鬣狗,

没有狮子,没有野狗,没有狼,

没有恐惧,没有惊怕,

人类没有天敌。

在那些日子,舒伯(Shubur,在东方)地方,丰裕之地,

正义审判之地,

语言相通苏美尔(Sumer,在南方)地方,伟大"王权的审判"之地,

乌里(Uri,在北方)地方,所需皆有之地,

马图(Martu,在西方)地方,保证休息之地,

整个宇宙,人们和谐,

美言赞颂恩利尔。

前　言

苏美尔人属于一个非闪族、非印欧的民族，他们在公元前第四千纪开始到公元前第三千纪末繁盛于南部巴比伦尼亚。在这一漫长的时间段中，苏美尔人的种族和语言的属类仍然是不能区分的，其代表了当时整个近东所有族群的统治文化。这一文化优势通过以下三个特点展示其自身：

1. 正是苏美尔人可能发明或发展了楔形文字书写系统，这几乎得到近东地区所有民族的采纳。如果没有这一书写系统，西亚的文化进步几乎是不可能的。

2. 苏美尔人发展了其宗教与精神观念，这是一个高度发展的万神殿系统，深刻影响了近东的所有民族，包括希伯来人与古希腊人。而且，通过犹太教、基督教和伊斯兰教，这些精神与宗教观念相当多地渗透进现代文明世界。

3. 苏美尔人创作了数量众多且高度发达的文学作品，主要是大量的诗歌，这些都是同今天的概念相匹配的，包括史诗与神话、赞美诗与挽歌、谚语与"格言"。这些作品以楔形文字形式刻写在泥版上，年代可以上溯至大约公元前1750年[a]。在过去的100多年中，大约有5000块[b]这样的文献残片从古代苏美尔的土墩遗址中被发掘出来。其中，2000多块（我们已知原始材料的三分之二）是由宾夕法尼亚大学组织发掘出的。他们通过四次重要的发掘，在1889年到1900年的时间段里，发掘了古代尼普尔的土墩遗址。这些苏美尔泥版及残片因此代表了对苏美尔作品重构的主要来源。将它们同古希腊与古希伯来的杰作相比并非毫不适宜,它们很可能映照出一种完全不同的未知文明的精神与智力生活。它们对于评估近东的文化与精神发展具有重要意义,这是要被充分正确认识的。亚述人与巴比伦人几乎全盘地接受了它们。赫梯人把它们翻译成自己的语言,并且在广泛的范围内坚定地模仿它们。包括希伯来文献所创造的形式与内容,甚至在一种可以确定的程度上,古希腊也受到了它们的深刻影响。实际上,作为迄今所发现的具有重要意义的最古老的书写文学,苏美尔文学提供了全新、丰富与意想不到的原始材料,这对于考古学家、人类学家,还有民族学学者,以及民间传说的研究者、宗教史与文学史的研究者而言,都是极具意义的。

尽管它们具有独特而非凡的意义,尽管刻写着苏美尔文学作品的多数泥版在几乎半个世纪前被发掘了出来,但是对苏美尔文学作品的注音与翻译,迄今还是几乎没有取得进展。苏美尔语言的翻译是一个高度复杂的过程。只是在相对晚近的年代里,其语法才被按照科学的方法建立,而词汇问题仍然大多数未被解决。到目前为止,对于这些文学作品进行可信的翻译与重构的最大障碍,就是刻写着它们的泥版及残片——目前主要收藏于伊斯坦布尔的古代东方博物馆与费城的大学博物馆,还处于未复制与未出版的状态,因此也就无法用于研究。为了补救这样的局面,我在1937年前赴伊斯坦布尔,在古根海姆基金的资助下,花费了20个月复制了出土于尼普尔、收藏在古代东方博物馆的170块泥版及残片。由于得到了美国哲学学会授权的帮助,我过去三年的主要精力都集中在对出土于尼普尔、收藏于大学博物馆的未出版的文献碎片的整理上,对它们的复制工作已经开始了。[c]

对于大学博物馆大量的未出版的苏美尔文献泥版及残片的利用,据我统计,大约有675块,将使苏美尔文献作品的恢复与翻译成为可能,同时，也将为苏美尔文化研究打下基础，尤其在其精神层面。这样一个研究应该顾及这一文化所存在的年代，即公元前第三千纪，它将长期保持一个空前的宽广范围与充分的细节。正像作者所展现的，这一考察的准备与复制将被最为有效地呈现为七卷本系列——标题为《苏美尔文化研究》的成果。第一卷就是当前的这本论文集，很大程度上它更接近于一个导论，包括对材料来源的一个细节描述，同时还有一个更为重要的苏美尔神话观念的概述，主要是以他们的史诗与神话为证据。

随后的五卷，按照本人的计划将包括基本的原始材料，亦即它们将涵盖已经恢复的苏美尔作品的注音文本，同时还有相应的翻译和注释，以及那些在大学博物馆中用来重构文本的未被复制过的相关材料的原稿复制品。五卷中的每一卷都将集中于一种苏美尔文学的特殊类型：①史诗；②神话；③赞美诗；④挽歌；⑤"智慧文学"。如此强调并不过分，到这一任务被完成和苏美尔文学作品被恢复，被学者与爱好者充分利用的那一天，人文学科将得到极大的丰富，这最为恢弘的一类文献将为其带去光芒。作为最早的创造性的书写，这些文档在文明史中占有独一无二的位置。因为它们对整个近东地区宗教与精神发展深刻而持久的影响，它们是真正的未曾开采的矿藏与重要的原始材料的宝库，无价的信息随时准备着被所有相关的人文学科所探索。

第七卷《苏美尔宗教：一个比较研究》，作为本系列的最后一卷，将在揭示苏美尔人的文学的同时，概括他们的宗教和精神观念。而且，它将尽力追寻这些苏美尔观念在整个近东精神与文化发展中的影响。出于明显的理由，这个工作被留在最后是令人信服的。只有苏美尔文献作品被按照科学的方法重构，可信的翻译被完成，我们才能够带着合理的确信充分对待那些重要却又困难与复杂的对象。前六卷包括了基本信息与来源，第七卷将为历史学家与爱好者简明陈述结果与结论。对于这一准备与复制方法的结果的期望尚未得到证明，但最终的陈述将证明其重要性与可信性。

我希望表达我最真挚与最具诚意的感谢给杰恩纪念基金会(Jayne Memorial Foundation)及其董事会,他们选择我作1942年的年度讲座,主题为苏美尔神话。我也要对大学博物馆管理委员会表示感谢,向委员会主任乔治·C.韦恩兰特博士(Dr. George C. Vaillant)表示感谢,还要向前任主任贺瑞斯·H. F.杰恩先生(Mr. Horace H. F. Jayne)表示感谢,向博物馆巴比伦馆区的负责人莱昂·勒格林教授(Professor Leon Legrain)表示感谢,他们都抱着科学的合作态度将苏美尔文献泥版提供给我进行研究。最深的感谢要给予土耳其共和国教育部及其古代处,他们允许我研究和复制在尼普尔出土并收藏于伊斯坦布尔古代东方博物馆的苏美尔文献泥版。宾夕法尼亚大学东方研究会实际在某种程度上担当了这一研究内容第一稿的阅读宣传者的角色。我也感受到了自发参与的学生与同事对这一研究发自内心的兴趣与热情。在理解文本意义的过程中,有时面临几乎绝望与复杂难解的情况,他们给予了相当大的精神上的支持。在资金支持上,我深深感激约翰·西蒙·古根海姆纪念基金会(John Simon Guggenheim Memorial Foundation)选择我作为其1937—1938与1938—1939年度的研究员。这使我得以前赴伊斯坦布尔,花费20个月的时间在古代东方博物馆从事研究工作。感谢芝加哥大学东方研究所提供几次较小的财政捐助。最为基本的是美国哲学学会使得这一研究的准备成为可能,正是该学会特别的眼界与慷慨,使我能够以一种科学和可信的方法重构与翻译现存的苏美尔文学作品,使得拼凑接合与恢复这些世界上已经发现的最为古老的与最有意义的文学成为可能,向麦克米兰公司(Macmillan Company)与芝加哥大学出版社致以我深深的谢忱,他们允许我复制了一些图片,特别是图5、图7、图10、图12、图14与图19的说明。

修订版的注释

初版的参考书目与注释,以及补充注释与更正,见第五章。

目　录

绪　论 / 001

第一章　苏美尔神话的范围与意义 / 029

第二章　起源神话 / 033

　　宇宙的创造 / 033

　　宇宙的组织 / 049

　　　　恩利尔与宁利尔：南纳的由来 / 051

　　　　南纳赴尼普尔的旅程 / 057

　　　　埃麦什与恩滕：恩利尔选择农神 / 059

　　　　镐头的创造 / 064

　　　　牛与谷物 / 066

　　　　恩基与宁胡尔萨格：水神事件 / 068

　　　　恩基与苏美尔：大地的组织与其文明化的过程 / 075

　　　　恩基与埃利都：水神赴尼普尔的旅程 / 080

　　　　印南娜与恩基：文明之艺从埃利都到乌鲁克的传播 / 083

　　人类的创造 / 089

第三章　库尔的神话 / 096

　　库尔的毁灭：屠龙记 / 097

　　印南娜下冥府 / 105

第四章　其他各种神话 / 125

　　大洪水 / 125

马图的婚姻 / 128
　　印南娜更喜欢农夫 / 129
第五章　参考书目与注释 / 133
　　参考书目 / 133
　　注释 / 137
　　补充注释 / 156

附录 / 161
古代美索不达米亚的种族与族群 / 161
苏美尔青金石神话研究
　　——文明探源的神话学视野 / 175
俄狄浦斯神话的东方渊源
　　——以苏美尔、埃及为例 / 199

绪 论

材料来源：上溯自约公元前 2000 年前的苏美尔泥版文献[①]

目前这一卷——《苏美尔神话》中所介绍的关于苏美尔文化的研究建立在大量苏美尔文献材料之上。本书将由以下内容组成：对苏美尔人精神和宗教观念的简洁陈述，以及能够体现出这些观念的、得到重新整合的文本与苏美尔文献作品。因此，让读者对我们材料来源的性质有一个清楚的认识是很关键的，这些材料基本上都是由刻写着苏美尔语言的泥版和碎片组成，大约有 3000 块，时间上属于公元前 1750 年左右[a]。本书绪论的主要目的就是使这一点更加明晰化，以有利于阅读。这样，首先将是对这门学问艰难发展旅程的概述，然后是对苏美尔语言材料的释读，接着是一个简单的更改，那是关于这个世纪已经过去的四分之三时段内多处苏美尔遗址发掘情况的梳理。在挖掘的过程中，大量苏美尔泥版材料内容得以揭示，在对此进行简洁而基本的评价之后，本绪论会将重心转向我们所研究的苏美尔泥版文献中那些承担基本功能的材料，并

[①] 本书中关于苏美尔泥版文献的书写年代断定，由于原书作者在不同的语境中使用，有所差异，加之原著也曾修订，作者并未统一，因此有的地方较为精确，有的地方较为宽泛。——译者注

在一定的细节上分析其范围和所写内容的时代。然后,绪论还将从一些要素的描述中得出结论,这些要素可以在很大程度上质疑过去对苏美尔文献作品的翻译与重构的可信性。细节本身并不那么令人感兴趣,真正有意义的是能够提供我们这一代人的人文主义的努力,从而揭示和展现这一学问的过程与发展。

在一个具有重要意义的细节上,对苏美尔语的释读不同于对阿卡德语[3]和埃及语的释读,这个细节被证明是妨碍苏美尔学发展到举足轻重地位的因素之一。因为对于埃及、亚述和巴比伦情况的了解,西欧学者们已经融入他们的与《圣经》、古典和后古典材料密切相关的研究过程中了。即便不能说埃及、亚述、巴比伦之类名字众所皆知,至少在一定程度上或者一定限度内可以这样说,甚至在完全不同的民族文化里都是这样。可是,苏美尔的情况就完全不同了:在整个《圣经》、古典和后古典文献中,对于苏美尔的来源、苏美尔人或他们的语言根本没有明确的认识。超过2000年的时间里,苏美尔这个名字好像被从人们的记忆和印象中抹去了一样。苏美尔人及其语言的被发现完全是一件意料之外也无法预料的事情。这一或多或少无关紧要的细节至少反映了苏美尔学从最早期发展到当今的困难历程。

从历史上看,苏美尔语的释读源于阿卡德语的释读,而阿卡德语是随着波斯语楔形文字的释读而得到释读的。大致的过程如下:1765年,丹麦旅行家与学者卡斯滕·尼布尔(Karsten Niebuhr)成功地仔细摹拓了波斯波利斯①的纪念碑上的一些铭文。这些铭文在1774年到1778年间得到出版,并且很快被辨识出有三种语言,也就是说,同一内容被用三种不同的语言文字刻写了下来。这想起来并不合理,因为纪念碑位于波斯

---

① 波斯波利斯,古伊朗城市。——译注

波利斯，文字被波斯阿契美尼德王朝（Achaemenid dynasty）的一位或多位国王命人记录下来，在每个铭文内容里的第一个译本都是用波斯语翻译的。幸运的是，几乎在同时，古波斯语已经为西方学者所了解，这最先是由杜培龙（Duperron）完成的，此前，他在拜火教徒（Parsees）指导下学习古波斯语并且准备翻译《阿维斯塔》（Avesta）。就这样，到了1802年，带着最新获得的古波斯语知识并且渴望解决从《圣经》和古典文献中传下来的阿契美尼德王朝对应名称的问题，德国学者格罗特芬（Grotefend）成功释读出这一波斯铭文译本的绝大部分。在接下来的几年中，众多学者对之进行了补充与修正。可是，最大的成就属于英国人罗林森（H. C. Rawlinson）。作为英国军队情报部门的成员，罗林森开始时在印度服役，在那里，他掌握了波斯语。1835年，他被调往波斯，在那里他又了解到大量的贝希斯敦（Behistun）三联铭文，他决定把铭文从岩石上摹拓下来。贝希斯敦铭文的波斯译文由414行构成，现在知道第二种是埃兰语（Elamite）译文，有263行，最后一种是阿卡德语（在更早期的亚述学文献中被当作亚述语或者巴比伦语——见原注[3]）译文，共有112行。1835年到1837年，冒着生命或残废的风险，罗林森成功摹拓了200行波斯语译文。1844年他再次回来摹拓了剩余的波斯译文部分，还有埃兰语译文部分。可是，对于罗林森而言，阿卡德语铭文位于山崖上极其难以攀爬摹拓的位置，所以，直到1847年，他才最终艰险地成功得到了这一文本。言归正传，在波斯语楔形文字的释读上，1846年，罗林森在《皇家亚洲学会杂志》（Journal of the Royal Asiatic Society）上发表了他的论文，其中给出了贝希斯敦铭文的波斯语译文的音译与翻译，一起的还有楔形文字原件的复制品。

可是，在波斯文本得到最终释读前很久，波斯波利斯铭文中的第三种译文早已引起了西欧人的极大兴趣。因为，人们很快意识到，这是发现在大量碑铭、砖石、泥版，还有泥柱上的原始文字记录与语言，那些都出现于欧洲人正在考察的遗址中，而且有充分的理由显示这同尼尼微（Nineveh）与巴比伦的情况是一致的。1842 年，法国人博塔（Botta）开始发掘科豪萨巴德（Khorsabad）。1845 年，莱亚德（Layard）也开始他在尼姆鲁德（Nimrud）与尼尼微的考古发掘。刻满铭文的石碑被大量发现于上述三处遗址，而且莱亚德还在尼尼微发现了数量众多的刻写着文字的泥版。到 1850 年，欧洲所获得的铭文主要来自亚述的遗址，这些书写与语言同波斯波利斯与贝希斯敦铭文上面的第三种译文是完全一致的。一方面，对这种语言的释读由于下面的事实而被简化了，就是说，在这个释读过程的早期阶段，该语言被认为是一种闪族语言。另一方面，由于另外一种原因，这种语言又被弄得复杂了，那就是因为正字法，它很快被认为是一种音节和表意的语言而非字母。这就直接导致了它被当作阿卡德语或者亚述语进行释读，接着爱尔兰学者爱德华·辛克斯（Edward Hincks）正式将其指定为阿卡德语或亚述语。但是，又是罗林森，再次作出了重要的贡献。1851 年，他出版了贝希斯敦铭文阿卡德语的原文、注音和翻译，绝大部分的三联铭文的文本都是由他自己独立完成的。

至于贝希斯敦铭文中的第二种语言——埃兰语的译文，没有太费周折，几乎与阿卡德语的释读进程一样，是很快的。这是因为使用了一种音节文字表，这是以阿卡德语书写系统为基础的。这一释读的工作主要是韦斯特加德（Westergaard）与诺里斯（Norris）完成的。早在 1855 年，时任皇家亚洲学会秘书的诺里斯即出版了贝希斯敦铭文第二种语言译文的完成本，他是根据罗林森的拓本翻译的，同时有注音与翻译。这在该领域成为一个标准的工作，一直到 1896 年维斯巴赫（Weissbach）出版了《阿契美尼德铭文第二艺术》（*Achämenideninschriften zweiter Art*）。

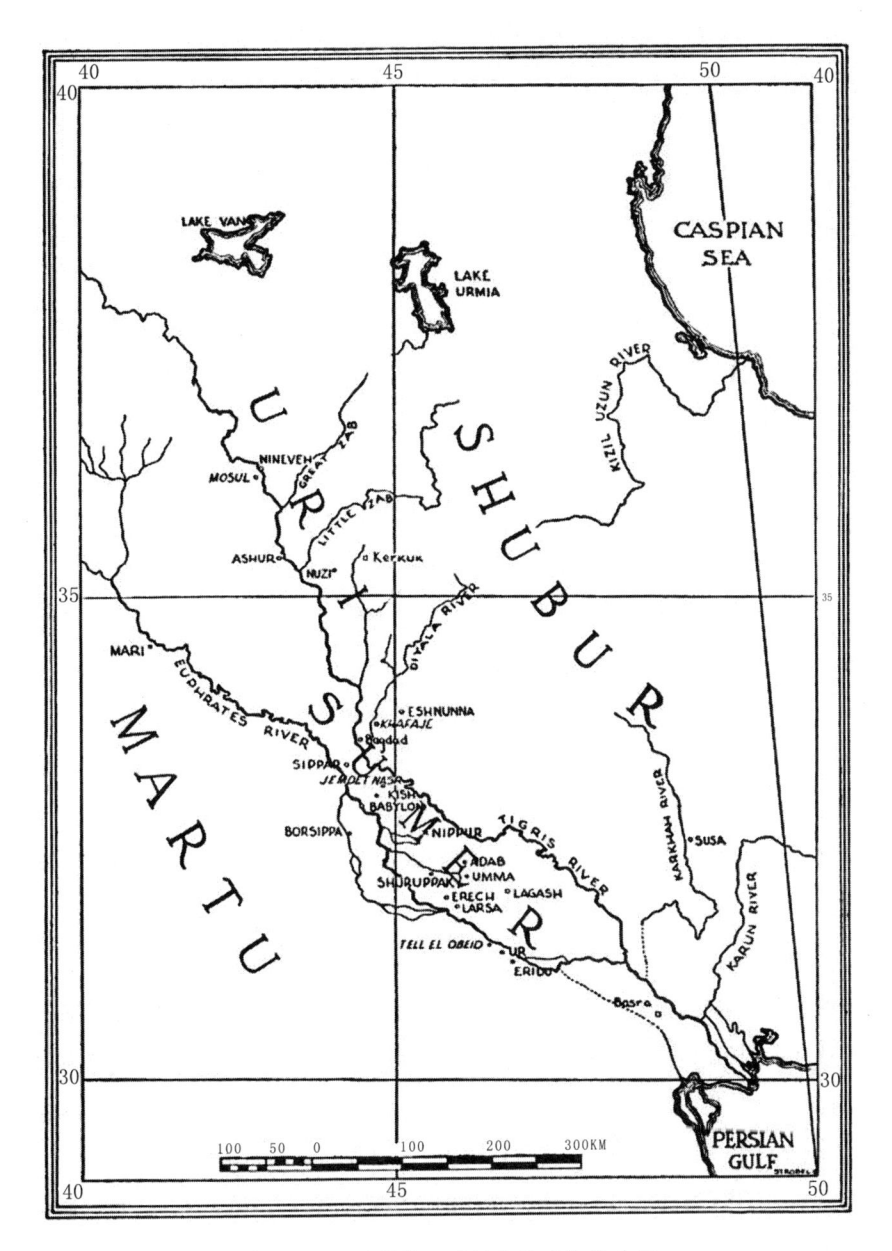

地图 1　公元前第三千纪上半叶的苏美尔

○ 古代位置，古代名字（垂直书写）

○ 古代位置，现代名字（倾斜书写）

□ 现代位置

苏美尔人既非闪族亦非印欧族群，他们可能在公元前第四千纪期间从东方进入美索不达米亚。在苏美尔人大举入侵两河（底格里斯河与幼发拉底河）之间土地的时代，毫无疑问，当地定居着闪族部落。苏美尔人的侵入，标志着两族人之间为控制两河土地而开始了冲突，这几乎持续了大约2000年。从当前的材料判断，先是苏美尔人获得了胜利。有理由设想，曾经，苏美尔人控制了美索不达米亚较好的土地，他们甚至将他们的征服带到了更加遥远的土地上。毋庸置疑，在公元前第四千纪里，这是一段征服与显示力量的时期，苏美尔人在他们的经济、社会政治组织等方面取得了重要的发展。这种物质进步，伴随着精神和宗教观念的成长与发展，必定对近东所有的民族产生持续的影响，只要他们在公元前第四千纪开始接触苏美尔人，这影响就不可避免。

但是，早期闪族人被苏美尔人所挫败并未结束两个族群争夺美索不达米亚控制权的战争。无疑，在新的来自阿拉伯半岛入侵的游牧民族的帮助下，闪族人逐渐恢复了他们的力量并且变得更加富有侵略性。因此，在公元前第三千纪上半叶，我们发现苏美尔人逐渐退却到美索不达米亚的更南部，在地图上大概相当于从尼普尔到波斯湾的区域。在尼普尔的北方，闪族人看来已深深扎下根来。

在大约公元前第三千纪中期，崛起了一位伟大的闪族征服者萨尔贡——阿卡德王朝的奠基者。他以及其后的国王们向南部进攻并严重挫败了苏美尔人，结果他们俘获了许多敌人并将其都囚禁起来，然后把闪族人迁移到敌人的土地上定居下来。这样的战败标志着苏美尔人消亡的开始。在公元前第三千纪末这变为事实，苏美尔人做了最后一次努力，尝试恢复对美索不达米亚的政治控制，这就是"乌尔第三王朝"，开始它确实取得了初步的成功，但仅仅持续了不到一个世纪。即便在这个"新苏美尔王国"里，闪族人依然扮演着重要的角色，这可以从该王朝最后三位国王的名字是闪族名字中得到暗示。随着苏美尔人最后的都城乌尔的毁灭，大约公元前2050年，苏美尔作为一个政治实体逐渐消失了。不久，阿姆鲁（Amurru）——一个闪族部落在公元前第三千纪末开始闯入美索不达米亚地区，建立了巴比伦城作为都城，诸如汉谟拉比（Hammurabi）这样的统治者成功地获得了对美索不达米亚的短暂统治。因为巴比伦在公元前第二千纪到公元前第一千纪之间的崛起，曾经被苏美尔人控制与统治的国家、地区被人们称为巴比伦尼亚，这一名称一直沿用到今天。[4]

[地图由马里·斯特罗贝尔（Marie Strobel）绘制，见《考古学手册》（*Handbuch der Archäologie*，慕尼黑，1939）第643页后的插页。]

在接下来将要讲述的内容里，仍然不会看到或论及有关于苏美尔的信息。早在1850年，辛克斯就开始怀疑是否是亚述和巴比伦的闪族居民发明了楔形文字书写系统。在闪族语言中，辅音是稳定的元素而元音则变化相当大。这看起来很不自然，因为闪族人应该发明一种正音法的音节系统，这里面元音应该同辅音一样保持稳定。而且，如果闪族人发明了这种原初的书写，就可以期待能够追踪闪族语词符号的音节并进行评估。可是，这几乎是不可能完成的任务。音节的评估似乎都回到了那些语词或者语素中，而这里又没有能够发现同闪族语一致的成分。辛克斯因此开始怀疑楔形文字书写系统是由非闪族人发明的，这个民族在闪族人之前已经生活在美索不达米亚了。1855年罗林森在《皇家亚洲学会杂志》上发表了一篇论文，其中他论及了在巴比伦尼亚（Babylonia）地区南部诸如尼普尔（Nippur）、拉尔萨（Larsa）、埃里克（Erech，就是乌鲁克）等遗址出土的砖石、泥版上面刻写的非闪族语铭文，这是他的发现。1856年，辛克斯开始研究这种新的语言的问题，他认为，这种语言属于一种黏合语，并且他从大英博物馆收藏的尼尼微出土文物中举出了第一个双语（阿卡德语与苏美尔语）的例子。对这种语言的命名五花八门，有称为塞西亚语（Scythic）的，甚至还有干脆仍称为阿卡德语的，也就是说，这种语言现在的得名还是来自亚述（Assyria）和巴比伦尼亚的闪族口头语言。1869年，法国学者奥博特（Oppert）基于自身的研究，提出了皇家的名称"苏美尔与阿卡德之王"（king of Sumer and Accad），同时他确认，"阿卡德"就是因生活在这块土地上的闪族居民而得名，这也直接将"苏美尔"的命名归因于生活在这地方而口头上说不同语言的非闪族人——正是他们发明了楔形文字。可是，奥博特没有立刻得到主流亚述学家的认同，用阿卡德语来称呼苏美尔语还是持续了好多年。[5]

在接下来的几十年里，随之而来的是对苏美尔文化事实存在的发现。实际上，对苏美尔的释读与研究的全部材料都由双语和音节表组成，这来自所谓的亚述尔班尼帕（Ashurbanipal）图书馆，它是在尼尼微被发现和发掘出来的。该材料的年代是公元前7世纪，这是苏美尔这一政治实体消失大约1500年后。至于源自苏美尔遗址的材料，基本上是由一组小的砖石、泥版和石柱组成，它们倒是来自苏美尔及后苏美尔时期，都已经收藏在大英博物馆中。

1877年，在苏美尔遗址开始了第一次成功的发掘。同年，法国人德·萨尔泽克（De Sarzec）开始在铁罗（Telloh）发掘苏美尔古城拉伽什（Lagash），这次由法国考古学家进行的发掘时断时续，还经历了很长时间的中断，几乎直到今天。正是在这个遗址中，最重要的苏美尔纪念碑被发掘了出来，还有拉伽什王子或伊沙库斯（ishakkus）的实物和铭文。这里有超过10万块泥版和碎片被挖出，年代都是前萨尔贡（pre-Sargonid）与乌尔第三王朝（Ur Ⅲ）时期。[6]

美国宾夕法尼亚大学对苏美尔一处遗址的发掘是另一个主要成就，而这也是美国探险队首次深入美索不达米亚进行挖掘。尽管在19世纪80年代，美国的大学圈内就一直在讨论组成一支美国探险队前赴伊拉克考察的内在可行性。这可是英国与法国都已经取得了非凡发现的地方。可是直到1887年，宾夕法尼亚大学的希伯来语教授约翰·P.彼得斯（John P. Peters）才成功地获得了道义与财政支持，这还是从多渠道的校内或与学校相关的个人那里得到的。他的目的就是在宾夕法尼亚大学的赞助下，装备起来进行一次到伊拉克的远征发掘。他选择尼普尔——伊拉克最大、最重要的土墩之一，进行了四次长期而艰难的挖掘活动。这四次的时间段分别是1889—1890年、1890—1891年、1893—1896年和1896—1900年。

困难与障碍是严重而又令人沮丧的。一位年轻的考古学家长眠于这块土地上，差不多有一整年，探险队的一位或数位成员几乎难以承受严重疾病的折磨。还有就是阿拉伯部族经常光顾，这有时可以看作一种更大的威胁。尽管困难重重，挖掘还是坚持着。这四次发掘活动，持续了超过10年，探险队成就辉煌，在某些方面取得了难以企及的成果，至少在碑铭领域里是可以这样说的。在尼普尔，美国探险队通过四次挖掘，成功地挖出了3万多块泥版及残片，上面记录了更多的苏美尔语言，年代从公元前第三千纪后半段到公元前第二千纪前半段。

这些泥版的内容丰富多样。大部分的内容是同经济方面相适应的，包括合同、销售记录、契约和收据、物品清单和账单、遗嘱、收养协议、法庭判决，以及其他的法律与行政文书。许多泥版是信件，一些是关于历史的题铭，还有一些可以视为词汇表，也就是说，它们包括了苏美尔语无价的字典和语法材料，这对于我们学习是极为关键的。因为实际上，它们是由古代的书匠们亲手编订的。特别需要注意的是，大量的泥版年代在公元前1750年左右[a]，上面刻写着苏美尔语文献作品，包括史诗、神话、赞美诗、挽歌和"智慧文学"。

在尼普尔发掘之后，德国人1902—1903年在法拉［Fara，就是古代"大洪水"之城舒鲁帕克（Shuruppak）］的挖掘，还有芝加哥大学1903—1904年在比斯玛亚［Bismaya，古代阿达布（Adab）］的挖掘，都发现了重要的苏美尔经济与词表文献材料，年代是公元前3000年的前萨尔贡和萨尔贡时期。在基什（Kish）的发掘由法国人在1911年开始，接着在1922年到1930年由英美人赞助进行挖掘。基什出土了重要的碑铭材料。在捷姆迭特－纳色（Jemdet-Nasr），那里距离基什不远，发现了刻写着半象形文字（semi-pictographic）的泥版，揭示了苏美尔书写起源的早期样貌。乌尔（Ur）是著名的遗址，1919—1933年由大英博物馆和大学博物馆联合开掘，得到了许多历史与经济方面的题铭和一些文献材料。在阿斯玛尔［Asmar，古代的埃什嫩纳（Eshnunna）］和哈法杰（Khafaje），也就是底格里斯河（Tigris）东部，发掘出了大量刻写着经济内容的泥版，可以追溯到萨尔贡和乌尔第三王朝时代，那是公元前第三千纪晚期，这是芝加哥大学东方研究所近年的成果。最后是乌鲁克，德国人自1928年开始一直到二战爆发在那里进行了发掘，刻写着众多象形文字的泥版在年代上甚至要早于捷姆迭特－纳色所挖掘出来的泥版。[8]

图1　尼普尔发掘现场图：神庙"泥版之屋"的空间分布

在美国考古史中，50年前由宾夕法尼亚大学组织的对尼普尔的探险，将被永久地带着敬意牢记。因为正是对尼普尔的发掘——许多年来被相关的具有非比寻常的眼光与认识的费城的小团体支持——在很大程度上形成了美国的"考古意识"。而且，这种由尼普尔发现所引发的兴趣与热情导致了大学博物馆的组织与建立，几乎半个世纪以来，这一公共机构证明是一个所有考古活动分支的开路先锋。

尼普尔的废墟，是美索不达米亚最大的一处，覆盖面积几乎达到180英亩。它几乎被现在已经干涸的赛特-恩-尼尔（Shatt-en-Nil）运河的河床一分为二，这条运河曾经是幼发拉底河的支流，它流经的地方，贫瘠的土地得到灌溉与孕育。东半部包括神庙结构，由基加里特（ziggurat）与建筑群构成，它们一定包括了书匠学校与图书馆。正是在土墩的这一部分，"泥版之屋"被发掘出来。西半部分看起来标记了城区的残余。[7]

这一简略的梳理，提供了对苏美尔泥版等题铭发现过程的一个整体观照的脉络，这是通过合法挖掘所揭示与表现出来的。[d]此外，苏美尔土丘中数千块刻写着其文字的泥版还被当地阿拉伯人偷偷地盗掘了出来，尤其是在古代的拉尔萨、西帕（Sippar）、乌玛（Umma）等地，十分明显。因此，很难估算出这些主要包含在博物馆馆藏和私人收藏之中的苏美尔泥版和残片的数量，25万片可能是一个大致的猜测。现在如此众多的苏美尔泥版上的题铭文献材料，其内容的性质何在？人们又可以从中揭示出什么有意义的信息呢？

首先，应该说明的是，已知苏美尔泥版百分之九十五以上在内容上是关于经济的，也就是说，它们包括票据和收据、销售与交易合同、领养与合伙协议、遗愿和遗嘱、工人及工资的表单、书信等等。因为这些文档或多或少遵循着一种传统模式的预期，也就是说，同样的内容在先期发现的阿卡德文档内容中也是如此，所以，对苏美尔文档的翻译，除了个别复杂的情况外，并不是十分困难。正是这些泥版上的内容，为我们提供了一个相对丰满而准确的公元前第三千纪苏美尔人生活的经济与社会结构图景。而且，在这些经济文档中，发现了大量带有签名的材料，这为研究当时苏美尔地区的情况及其周边民族的分布提供了丰硕的材料来源。[9]

那些苏美尔题铭中的非经济内容，有一组大约600块，通常是在石碑、砖石、花瓶等上面，用于建筑和祭献的题铭。正是从这类数量上相对较少的题铭中，苏美尔政治的历史很大程度上得到了复现。这些题铭也得到了释读，翻译起来也并不十分困难，因为其内容一般很简短明了。苏美尔祭献铭文的结构与模式，很大程度上被后来的阿卡德建筑铭文继承了下来。双语的材料对于翻译起到了十分重要的作用。总之，除了个别极复杂的例子外，苏美尔的历史材料翻译和解释起来是相对简单的。[10]

除了上面描述的经济和历史的材料以外，还有一类多样且重要的泥版铭文，包括词表、数学文本和咒语。[11]但是，到目前为止，对于苏美尔文化的研究，尤其是对其精神层面的研究，最有意义的是一组公元前1750年左右的"文学"泥版。它们上面刻写着苏美尔的史诗与神话、赞美诗、挽歌和"智慧文学"。值得大书一笔的是，尽管大量的苏美尔泥版铭文材料已经被挖掘面世，可是，反映苏美尔文学作品内容的泥版与残片仅有3000多块[b]，不超过总数的百分之一。在这3000多块中，约有900块分布如下：其中300块很小的残片由法国人发现于基什，并在1924年被德·格努伊莱克（De Genouillac）出版。还有约200块泥版及残片，柏林博物馆从商人那里购去，这些被齐莫恩（Zimmern）于1912—1923年出版。大约100块，卢浮宫从商人处获取，并且在1930年由德·格努伊莱克出版。还有不足100块在大英博物馆和阿什莫林博物馆（Ashmolean Museum）里被发现了踪迹。这些在几十年的时间里分别被L. W. 金、朗顿（Langdon）和加德（Gadd）出版。还要补充一些从乌尔发掘出的不确定数量的（200块？），将被大英博物馆的加德在不远的将来出版。[12]

剩下的2100余块泥版及残片，迄今还是苏美尔文学泥版的主要部分，由宾夕法尼亚大学约50年前在尼普尔发掘出来。这里面，超过100块在德国的耶拿大学（University of Jena）保存。还有800余块为伊斯坦布尔的古代东方博物馆（the Museum of the Ancient Orient）所有。接近1100块被收藏在费城的大学博物馆（University Museum）。毫不夸张地说，正是宾夕法尼亚大学对尼普尔的发掘，很大程度上使古代苏美尔文学作品的恢复和保存得到了认可，而这些作品在大约公元前2000年就已经被写了出来。值得大书特书的是，这些苏美尔文学创作极具意义，不仅因为它们非凡的形式，还有富于启发的内容，它们也是独特的，因为这些实际由当时书匠书写的作品流传下来直到我们这里已经超过了4000年，没有经过后来修订者的改动和经典化，也没有经历刀削斧凿的磨难以适应于意识形态的需要。我们的苏美尔文学作品因此代表了最为古老的文学，甚至在所有已经发现的任何古老作品中，都是可参证评估与有意义的。

接下来，我们就对苏美尔文学的内容作一个简略的检阅。正像上面所提及的，苏美尔文学由史诗、神话、赞美诗、挽歌和"智慧文学"组成。目前至少有9个史诗得到了基本的恢复。其中有6个是关于苏美尔英雄恩美卡（Enmerkar）、卢伽尔班达（Lugalbanda）和吉尔伽美什（Gilgamesh）的，尤其是吉尔伽美什——古希腊英雄赫拉克勒斯（Heracles）的前身，最为重要。这6个史诗内容都是纪念他们的功业与开拓的。这三位苏美尔英雄很可能都生活在公元前第四千纪末到公元前第三千纪初，距今有5000年以上。剩下的3个史诗传说是关于库尔（Kur）的破坏行为的，库尔是一个怪物，至少在一定意义上，它是同后来巴比伦的怪物提阿马特（Tiamat）、希伯来的利维坦（Leviathan）、古希腊的提丰（Typhon）相匹配的。至于这里面神话的内容，很显然足可以代表我们所知的苏美尔神话宝库的原始来源材料，它们在接下来的章节中将得到详细的概述。只有塔穆兹（Tammuz）的神话涉及死亡的神性，而且他的复活情节将被忽略，这内容仍然显得过于模糊，还不能得到十分合理的解释。[13]

赞美诗分皇家赞歌与颂神诗。[e]后者由称颂诗歌组成，颂扬的对象直指苏美尔万神殿中所有重要的神明。这些诗歌在大小、结构和内容上是丰富多样的。皇家赞美诗多为自我颂扬之作，大部分是为乌尔第三王朝及其后的伊辛（Isin）王朝的国王们创作的。这是一个很重要的历史事实，因为它有助于我们追索辨识更多现实的苏美尔文学作品。乌尔第三王朝统治了公元前第三千纪最后的两个世纪。随着约公元前2050年他们最后一位国王伊比-辛（Ibi-Sin）的战败和被俘，苏美尔作为一个政治实体就此退出了历史舞台。接下来，这块土地上的统治者是建立了伊辛王朝的闪族国王。不过，同他们的前人相似，他们的赞美诗也是用苏美尔语创作和书写的，苏美尔语继续作为征服者的文献与宗教语言得到使用。[14]

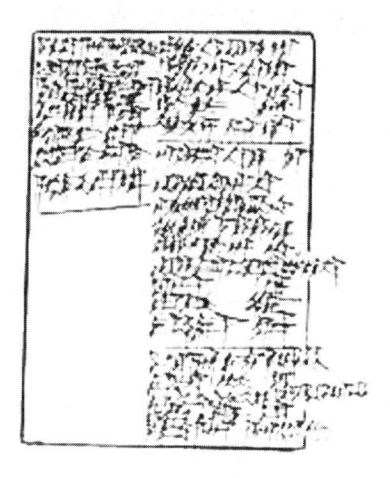

图 2　最古老的文献目录

此图展示了一个文献目录，大约在公元前2000年编辑。（泥版29.15.155，出土于尼普尔，收藏于大学博物馆。）上半部分表现了泥版自身；下半部分是作者手制的泥版复件。这些作品的标题实际内容很大部分现今已经被我们重构如下：

1. 国王舒尔吉（Shulgi）的赞美诗（约公元前2100年）。
2. 国王里普特–伊斯塔（Lipit-Ishtar）的赞美诗（约公元前1950年）。
3. 神话《镐头的创造》（见第二章）。
4. 致印南娜——天空女王的赞美诗。
5. 致恩利尔——大气之神的赞美诗。
6. 致基什城的母神宁胡尔萨格神庙的赞美诗。
7. 史诗传说《吉尔伽美什、恩启都与冥府》（见第二章）。
8. 史诗传说《印南娜与艾比赫》。
9. 史诗传说《吉尔伽美什与芬巴巴》。
10. 史诗传说《吉尔伽美什与阿加》。
11. 神话《牛与谷物》（见第二章）。
12. 纳拉姆–辛（Naram-Sin）时代（约公元前2400年）阿加德覆灭的挽歌。
13. 《乌尔毁灭的挽歌》。这一作品由436行组成，几乎已经被完整重构与出版，是作者作为芝加哥大学东方研究所亚述学研究的第十二号完成的。[15]
14. 尼普尔毁灭的挽歌。
15. 苏美尔覆灭的挽歌。
16. 史诗传说《卢伽尔班达与恩美卡》。
17. 神话《印南娜下冥府》（见第三章）。
18. 可能致印南娜的赞美诗。
19. 苏美尔所有重要神庙的赞美短诗集。
20. 智慧文学，描述训练一个男孩成为书匠的活动。
21. 智慧文学《一个农夫对他儿子的指导》。

挽歌是一种悲剧类型的作品，它们被苏美尔人发展出来用以纪念他们那频繁被周围异族人入侵所破坏的城市。这些挽歌是诸如《圣经》中《哀歌》之类作品的前身。有一首长诗超过 400 行，哀悼乌尔城市被摧毁，现在也已经被修复和出版，还有类似的哀悼尼普尔被破坏的作品，正在恢复的过程中。此外，现在有可能重构一篇哀悼苏美尔作为一个整体被摧毁的哀歌的大部分。还有一种内容，现在可以被描述为"哭泣的母亲"类型。最后，我们还可以看到一个作品的大部分，那是哀悼一次灾难的，也就是在纳拉姆－辛（Naram-Sin）统治时期，城市阿加德（Agade）的陷落，这一时期处于公元前第三千纪后半段的早期。

最后，我们来看苏美尔语的智慧作品，那是流行于近东的较为普遍的智慧文学类型的原型，最为人们熟悉的例子就是《圣经》的《箴言书》。[f] 苏美尔智慧文学由大量的表现信仰、生活精髓、敏锐思考的谚语和警句组成；还有各种寓言，诸如"鸟与鱼""树与芦苇""镐头与犁""白银与青铜"；还有一类教谕作品，或长或短，其中有一些专注于描绘书匠学习刻写艺术的过程，以及在这一过程中所产生的教益。[14]

关于苏美尔文学作品的范围与数量的某些适当的观念，可以从不为人知的一块泥版的内容中获得，这块泥版来自尼普尔，现收藏在大学博物馆，在过去的一年中，我幸运地有机会对它进行了辨别与破解。这块泥版并不是文学作品；它是一个文献目录，亦即它按标题列出了苏美尔文学作品的一个表单。编辑这个名单的书匠是公元前 2000 年左右众多书匠中的一位，他写下或复制了这块苏美尔文献泥版；因此，这一目录同它上面所记的文学名单同属一个时代。编辑这一目录的目的无疑是实用的。现在很清楚，到公元前 2000 年左右，各种类型与长短的文学作品都已经在苏美尔地区出现了，它们都被刻写在各种形状的多面柱体上，这都要加工、保管和维护。一些书匠在神庙与被称为"泥版之屋"的宫殿中掌管泥版，因此，为了便于记录和开列各种文学作品的名单而完成了这个目录，目的是在储存与编辑相应的泥版时作为必要的参考。

目录泥版几乎得到了完美的保存。[g]它相当小，长2.5英寸,宽1.5英寸。尽管它很小,书匠还是将每一面都分成两栏,使用一种细小的字迹,他成功地在目录上面刻下了62个苏美尔文学作品的题目。通过在数字10和11、20和21、30和31、40和41之间画线,他把头40个题目分成了十组。其余的22个题目,被他分成了数目不等的两组,一组有9个,另一组有13个。最有意味的是,这位书匠刻写的目录中,至少有21个作品,绝大部分的实际内容现在已经被我们重新复原了。不用说,在尼普尔目录所列的标题中,我们可能会对应找到更多作品的实际文本。可是,一个苏美尔文学作品的标题通常是其第一行的第一部分,因为第一行已经被打碎了,所以无法知道这些我们已经得到其大部分文本内容的标题。不言而喻,列在目录中的62个标题,并未穷尽公元前第三千纪末苏美尔地区的文学作品。有线索表明,这一数量会达到上百个。苏美尔南部古城埃利都（Aridu）,那里是恩基（Enki）——苏美尔智慧之神的崇拜中心,已经得到了彻底的挖掘,有充分的理由使人相信,我们所拥有的苏美尔文学作品的数量将会得到相当大的扩充。[16]

苏美尔文学的内容如此丰富,范围如此广泛。现在让我们转到确定年代的问题上,以便找到前文是合理陈述的证明,那就是苏美尔文学代表了任何已知重大发现中最为古老的书写文学。从内在证据与笔画判断,泥版本身被刻写于后苏美尔时代早期,这一时期基本上就要接续乌尔第三王朝的覆灭。作为一个粗略的参考点,苏美尔泥版的实际书写年代可以追溯到公元前1750年左右。[a]至于它们的内容,从大量的奉献给乌尔第三王朝国王们的赞美诗判断,实际上,这发生于公元前2150年持续到公元前2050年的新苏美尔时期。[b]通过对刻写在所谓古地亚（Gudea）石碑（公元前2250年左右）上的赞美诗[17]内容的分析,并根据对由乔治·巴顿（George Barton）出版[18]的刻写在一个古尼普尔石碑（其年代要比古地亚石碑更早）上的神话内容的分析,很明显,不止少量的赞美诗和神话的材料在更早的几个世纪前就被书写了下来。最后,还要分析古典苏美尔时代建筑与祭献

文本图表 1　苏美尔书写系统的起源与发展

楔形文字[19]书写系统可能起源于苏美尔。到现今地下出土的最古老的碑铭有超过1000块泥版与残片,属于公元前第四千纪后半叶。在所有可能用苏美尔语言书写的泥版中,最晚近的应该是近年出土于乌鲁克的。无论是不是苏美尔人发明了书写,可以确定的是,在公元前第三千纪的时段中,楔形文字被应用为一种有效的书写形式。其实际价值渐渐得到了周围民族的认同,他们从苏美尔人那里借用它,然后来表达自己的语言。到公元前第二千纪,楔形文字在整个近东流行起来。

楔形文字起初被作为图画文字书写,每一个符号就是一幅一个或更多具体的物体的画,表达一个词,其意义同画面一致,或者紧密相关。这种书写系统的不足是很明显的。复杂的符号形式与大量的符号被要求能够创造出来,以满足更为广泛的实际需求。苏美尔书匠先攻克第一个难题,他们逐渐地简化与固定符号的形式,直到图画文字的原始图像不再明显。至于第二个困难,他们减少了符号的数量,使它们保持在效率的有限范围内,这是通过多种多样有益的设计实现的,其中最有意义的是以表音文字取代了表意文字。背面的泥版页是用来显示这种几个世纪的过程中的双重发展;细节描述参见第五章中注释[20][20]。

图3　尼普尔古代石碑

从原稿判断,展示在图版中的这一尼普尔石碑(8383,出土于尼普尔,收藏于大学博物馆)可以判定的日期早至公元前2500年。尽管乔治·巴顿(George Barton)早在1918年复制并出版了其中的内容,但集中于苏美尔的大气之神恩利尔和女神宁胡尔萨格的内容,大部分仍然是不能理解的。不过在其公布的时代,有大量的未知与误解,现在已经逐渐得到了澄清。有理由期待,在不太远的将来,会看到其内容翻译得更好的部分。

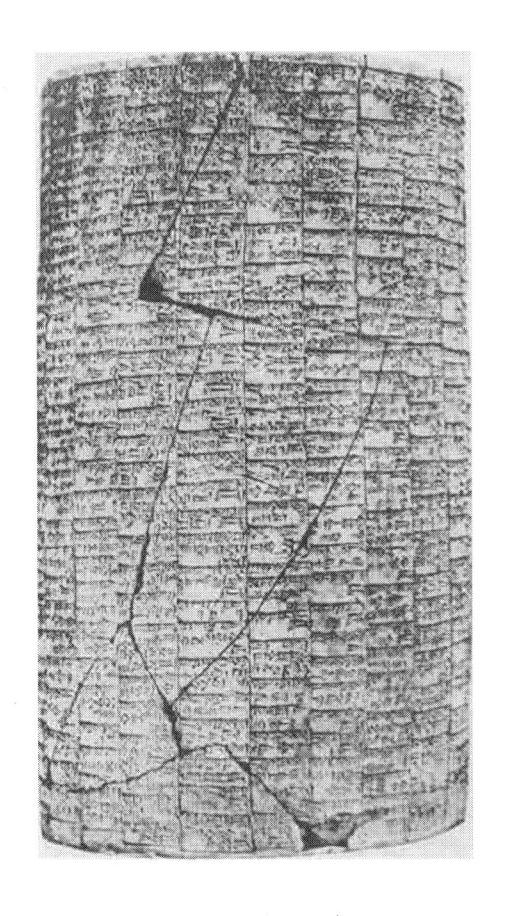

图4 古地亚石碑

这一图版展示了两个古地亚石碑之一,年代在公元前2250年左右。它们在半个多世纪前,由法国人在拉加什挖掘出来,两块石碑现在都藏于卢浮宫。上面刻写着长长的致神宁吉尔苏(神宁努尔塔的另外一个名字)的赞美诗,其神庙就位于拉加什。作品的风格是高度成熟的,显然经过了此前长时间的发展,其中,众多的文献材料一定已经被创作和书写下来。两块古地亚石碑的内容由法国杰出的亚述学家塔里奥-但基(Thureau-Dangin)在20世纪的头十年进行了认真的复制与翻译。[17]过去几十年的苏美尔学的发展,使得进行新的翻译已经势在必行。

题铭中表现的宗教观念,这个年代应该是公元前2600年到公元前2400年之间,结论同上面是一致的。简而言之,有足够的证据表明,我们所有的用来分析的苏美尔泥版文献实际年代都在公元前2000年前。苏美尔书面文学的绝大部分在公元前第三千纪后半段被创造和发展起来。文献材料所无法证明的年代已经通过挖掘确定了年代,这样的事实很大程度上是考古实践取得的成果。例如,如果没有在尼普尔的探险,我们就不会得到后苏美尔时代早期的苏美尔文学材料。

现在我们可以来比较一下当前已知的各个古代文明文学的年代。在古埃及,人们可以看到某一古代书面文学是同其高度发达的文化相对应的。事实上,可以从金字塔铭文中得出判断,埃及人尽其所有可能性在公元前三千纪很好地发展了一种书面文学。遗憾的是,它们大多数都是用纸草写就的,这是一种易于腐坏的材料,对纸草书写进行足够的复原是毫无希望的,因此也就不可能得到相当完整充分的那个古老年代古埃及文学的代表遗存。接着,还有迄今为止不为人知的古代迦南(Canaanite)文学,它们已经被发现刻写在挖掘出来的泥版上,这是过去十年间由法国人在叙利亚北部的拉什-埃什-沙姆拉(Rash-esh-Shamra)发现的。这些泥版数量不多,却显示了迦南人也曾一度建立了高度发达的文学。其年代是公元前1400年左右,即他们的泥版要比苏美尔文学的泥版晚了500年以上。[21]至于闪族人的巴比伦文学展现了"创世史诗""吉尔伽美什史诗"等内容,它们不但要晚于苏美尔文学,而且也包含了太多的直接取自苏美尔的内容。[22]

我们现在转向那些对于我们的文明更多地在精神层面已经产生了最深刻影响的古代文学。这里包括希伯来人创造的《圣经》中的文学部分,古希腊人那充满着神话传说的史诗《伊利亚特》《奥德赛》,古印度包容着文学产品的《梨俱吠陀》(Rig-veda),还有古伊朗包含着文学作品的圣诗集《阿维斯塔》。在公元前第一千纪的前半段,这些文学作品集都没有以它们目前的形式书写下来。再次通过比较强调,刻写在泥版上的苏美尔文学作品年代是公元前2000年左右,因此,要比这些文学都早上将近1000年。它们还存在着另一个重要的不同。我们现在所看到的《圣经》《伊利亚特》《奥德赛》《梨俱吠陀》《阿维斯塔》都是经过编者与校订者的多次编撰、修改、润色和增删校订的,这些人是带着各种动机与不同的观点进行工作的。苏美尔文学文献就不同,它们流传到我们这里,实际上就是由4000年前的古代书匠刻写的,没有经过后来的编辑者和评注家们的整理、改编和经典化。

现在我们来讨论关键的问题:苏美尔文学文献的基本价值及其重要性同当下存在的人文学科的联系是显而易见的,为什么它们还存在着大量的未知?为何它们还没有被提供给学者与爱好者利用?是什么妨碍与阻止对苏美尔文学泥版的释读?为何重构与翻译它们内容的过程几乎没有进展?应该为这种令人遗憾的局面负责的因素是双重的:一个是语言上的,苏美尔语言的词汇与语法很难表示出来;还有一个是文本上的,出现的问题同材料来源的自然特征不相称。

首先是语言上的困难。苏美尔语既不是闪族语言也不是印欧(Indo-European)语言。它属于一种黏合语的类型,就像土耳其语、匈牙利语和芬兰语。可是,这些语言看起来同苏美尔语没有任何密切的联系,因此,苏美尔语是独立的,而且和任何已知现存或已消亡的语言没有关联。所以说,要不是上面已经提过的那个幸运的事实,对于它的破译几乎是一个不可能的任务,幸亏苏美尔地区的闪族征服者,不但使用苏美尔文字刻写他们闪族自己的语言,还将苏美尔语专门作为文学与宗教语言保留使用。结果,在巴比伦尼亚与亚述,学习苏美尔语成为书匠学校中一门基本的学科内容。因此,他们编辑可以被描述为双语字音表或字典的教材,其中,苏美尔的语词和短语被翻译成他们自己的语言,也就是阿卡德语。此外,他们也对苏美尔文学作品进行逐行对应翻译,亦即每一行苏美尔语句都接着一句阿卡德语的译文。阿卡德语是一种闪族口语,它涉及众多已知的语言,在相对早的时候已经得到了破译。因此,这些双语文本变成了破解苏美尔语的基本材料,通过比较已知的阿卡德语词和短语,对照相应的苏美尔语言,后者的意思可以被推导出来。

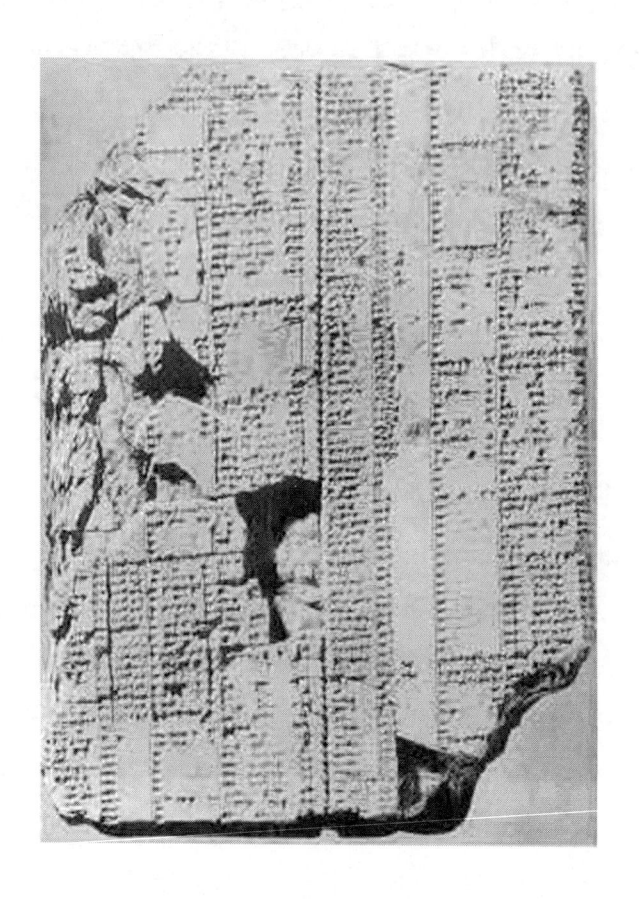

图 5　"芝加哥"字表

　　由巴比伦书匠编写的词典与字表用于他们学习苏美尔语言,这也形成了他们基本的学科,在构成与结构上是相当多样的。最有用的一类是"芝加哥"字表,这是一种科学的编排,最近由东方研究所的理查德·豪洛克(Richard Hallock)出版[25]。图 5 中展示的复制图像是经过芝加哥大学出版社的允许的。在公元前第一千纪后期被刻写下来,尽管有迹象显示它实际上编写于公元前第二千纪的某时。泥版的每一面都被分为两部分,每一半又被进一步分为 4 栏。第二栏包括被解释的楔形文字符号,第三栏则给出由巴比伦书匠识别出的名字。第一栏写出了文字符号所表示的苏美尔语词的发音,第四栏是闪族语的对应翻译。

图6 尼普尔语法文本

这一图版展示了另一种类型的词汇文本,闪族书匠们为了促进自己学习关于苏美尔的知识设计了它。首先在性质上是语法。泥版最初包括16栏。每栏都被再分为两半。左半边包括苏美尔语法单元,诸如实词或动词短语,右半边给出了其闪族语翻译。这块泥版比"芝加哥"字表更为古老,和文献材料属于同一时期,大约在公元前2000年。[26]

虽然在纸上写下这些看起来相对很简单,在实际操作中,将苏美尔语在双语文本中进行破译,已经导致许多语法和词汇的误读。因为苏美尔语和阿卡德语在词汇和结构上的分歧可能一样大,似乎相应地在古代字典和双语行之间也经常可以看到误读,尤其是早期的释读者,不在少数,他们出于这样或那样的原因,而倾向于得出急迫的和表面的结论。结果如此多的错误遍布于苏美尔语法和词汇之中,以至于学者们在对一些只用苏美尔语刻写的单语文献泥版进行释读时,付出的努力被证明在很大程度上是徒劳的。确实,在很多情况下,翻译的结果几乎完全是没有价值或危险的误导。

只是在最近的20年,很大程度上作为阿诺·波贝尔(Arno Poebel)的《苏美尔语法基础》(*Grundzüge der Sumerischen Grammatik*)[23]的一个成果,苏美尔语法才有了一个科学的基础。至于词汇的问题,还是很严重而且远未解决。[24]

但是,棘手和令人烦恼的语言上的问题经常在我们复原与翻译文献泥版的过程中出现,那是不可克服的。主要的妨碍因素、最严重的绊脚石就是文本的问题。尤其是那些刻有苏美尔文献作品的泥版,通常并不成熟,在挖出来时很少保持完整。一般而言,它们十分散碎,非常零碎的也不在少数。有一个令人高兴的事实可以弥补一下这种不利,那就是古代书匠对这些作品制作了不止一份复件。因此,一块完全碎裂的泥版经常可以通过其复制品得到恢复。所以,在《印南娜下冥府》的例子中,我使用了14块不同的碎片。在最近出版的《乌尔毁灭的挽歌》的例子中,文本通过22块不同的碎片得到重构。在《宁努尔塔的功业与开拓》中,我使用了49块不同的碎片。为了充分利用这些复制品和得到复原的结果,尽可能多地获得与利用材料来源的复件十分关键。由宾夕法尼亚大学从尼普尔挖掘出的文献泥版,现在收藏于伊斯坦布尔和费城,迄今2000块中只有500块得到了复制和出版,还有700多块分别收藏在大英博物馆、卢浮宫、柏林博物馆、阿什莫林博物馆(牛津),已被复制和出版。[12]直到最近,一些更加重要的文本才得以公开。如果没有这些情况,对于苏美尔文献作品有价值和科学的复原与翻译,无论如何,都显然是不可能的。

我在1933年首次认识到了这种局面及其复杂性,那几乎是10年前,作为一名亚述语词典编撰的成员在芝加哥大学东方研究所工作。那一年,爱德华·切拉(Edward Chiera)去世了,这位学者复制了更多的尼普尔文献材料,总数超过了其他人的总和。作为宾夕法尼亚大学的一名资深教师,他把时间与精力贡献给了他所工作的地方,复制了200多块大学博物馆里的文献泥版和残片。后来,他被聘请到迅速发展的芝加哥大学东方研究所,成为该所亚述语词典工程的负责人,当他带着他的复件来到芝加哥大学时,东方研究所承诺分两卷出版它们。由于切拉的过早离世,东方研究所编辑部委托我准备出版这两卷遗作。[27]其内容的重要意义渐渐使我感到,翻译与解释这些材料的所有努力,从科学角度上看是不够充分的,直到藏于伊斯坦布尔和宾夕法尼亚的那些未复制与未出版的材料能够被利用起来。

从那时起到现在,我的全部注意力就集中在对苏美尔文献作品的重构与翻译上。投身于苏美尔成语的研究几年后,我在1937年来到了伊斯坦布尔,并且在古代东方博物馆中花了20个月的时间,复制了170块苏美尔文献泥版和残片——都是来自尼普尔的藏品;遗憾的是,在这个博物馆中还有大约500块没有得到复制和利用。从1939年回到美国开始,我实际上把全部的时间与精力投入了苏美尔文献泥版及残片的整理工作中,那些都是大学博物馆中来自尼普尔的藏品。因此,我成功地在藏品中辨识出大约675块从未被复制与出版的苏美尔文献,几乎是全部已复制和出版的文献材料的两倍,此前的复制与出版的工作由众多学者耗费了40年时间在博物馆中完成。这675块中有大约175块刻写着神话与史诗的材料,300块是同赞美诗相匹配的，50块属于挽歌，剩下的150块刻写着谚语和"智慧文学"作品。

在过去的两年里，我的注意力大多集中于史诗与神话。通过使用所有可利用的已出版的材料，配合部分未出版的材料，也就是我在伊斯坦布尔古代东方博物馆复制的那些和费城大学博物馆中所有相关的未曾出版的材料，我成功地重构了24个苏美尔史诗与神话的大部分的内容[28]。这对于苏美尔神话宝库的复原是一个基本的材料来源，在接下来的章节中将会简述。至于对这些史诗与神话的科学的编辑，即带着逐行的翻译与评论来编辑得到重构的苏美尔文本，现在这些都处在准备的过程中，除非这一工作遭到意外的中断，它们应该在接下来的两到三年内完成。

第一章　苏美尔神话的范围与意义

比较神话学作为一门科学，同几乎所有的科学类似。总体而言，在很大程度上是19世纪的产物。它的起源与接续的发展接近于比较语言学，这是一门致力于语言和文学的科学。比较语言学自身的成长主要是由于对古印度人最为古老的宗教语言梵语（Sanskrit）的认识，以及对古伊朗人最为古老的宗教语言赞德（Zend）或古波斯语的认识，它们都是印欧语言。也就是说，它们和古希腊语、拉丁语一样都属于同一语系。印欧语言学的火热复兴，很大程度上是建立在对古希腊、印度、伊朗文献研究的基础上的。当神话与传说相关或显现出联系的时候，随着语言学的进展，它们之间的比较研究，自然成为顺理成章的事情了。

19世纪上半叶末期，一个全新而又令人颇感意外的研究领域在比较神话学中展开。因为在这个时期，古埃及的象形文字与古巴比伦的楔形文字得到了破译，更多全新的神话材料逐渐进入人们的视野。这一事实给此研究领域增添了动力，也给人们带来鼓舞，它能够提供更加科学的方法来研究《旧约》（Old Testament）。这一古老文字材料的神话属性很快就显现出来，因为它明显带有与同样源自古埃及与古巴比伦的神话相似的特征。紧跟文献学和语言学的步伐，比较神话学的研究也不再被严格限制在古代印欧的范围内；现在，它已经把古代闪族和埃及包括进来了。

大约在同一时代，一种几乎全新的科学成长与发展起来，那就是人类学，它被证明对比较神话学研究具有重要的意义。在欧洲以外的其他大洲，发现了处于文明发展各阶段的新的民族、部落。学生、旅行者、科学家与各国使节，开始研究新的语言，描绘陌生的习俗，还记下了各种宗教信仰与习惯。那些迄今为止尚未得到认识的大量的神话材料就或多或少地从这些原始人群中得到了再发现，比较神话学作为一门科学，也因此而得到了扩展与丰富。

因此，笼统地说，我们可以把比较神话学所使用的来源材料分为两类。第一类由古代文化的神话和传说组成，诸如一方面是以古印度、古伊朗和古希腊为代表的，另一方面则是以希伯来、巴比伦尼亚与埃及为代表的，主要通过这些民族在公元前第一千纪所写下的大部分文献，认识其神话，了解其神话来源。在这一类中，我们还可以对神话进行分类，诸如斯堪的纳维亚（Scandinavian）、古冰岛（Eddic）、中国、日本等，因为它们的神话来源于年代上更晚的文献。第二类则包括最近几个世纪所发现的所谓原始族群的神话和传说，这是从这些族群尚健在的成员的口头得来的，它们被旅行者、使节与人类学家整理并公布出来。不言而喻，长远看来，这些新近得来的原始口头来源材料在重要性与价值上同古代文化的神话和传说完全同等。此外，很明显，我们今天看待与认识这些原始文化，就是将其置于人类文明的历史进程之内的，古代希腊、印度、希伯来、伊朗、巴比伦与埃及的神话材料在音调、性情、语词和精神上面是具有原初意义的。这些古代文献中所揭示的精神与宗教观念早已渗透到现代文明世界中了。

苏美尔神话出现的精确时间现在仍然几乎完全未知。这种非闪族、非印欧族群的神圣故事的历史时代应该在大约公元前3500年到公元前2000年之间，这一族群居住在底格里斯河与幼发拉底河之间相对狭小的土地上，从波斯湾向北延展，大致相当于今天的巴格达（Bagdad），这个地区被称为苏美尔，较为恰当的说法就是它是整个近东文明的摇篮。如果读者翻开哈斯汀（Hastings）的《宗教与伦理百科全书》（*Encyclopedia of Religion and Ethics*）[29]，浏览其中关于世界范围内宇宙演化与创造的长文，将发现一个数目庞杂的民族名单，古代的、现代的，文明的、原始的，他们的宇宙起源观都被加以描述与分析，可是，如果读者试图寻找苏美尔神话的内容，那将是徒劳的。类似地，题为《各民族神话大全》（*Mythology of All the Races*）[30]的文库用 13 卷的篇幅分析了世界上主要的神话，可是，还是难以在其中发现苏美尔神话的一丝踪迹。无论苏美尔神话多么不为人知，在很大程度上可以猜测的是，苏美尔神话有修订与改编。古巴比伦人在公元前第三千纪末期征服了苏美尔人之后，某种程度上对译本断章取义，他们使用苏美尔人的故事和传说作为基础与核心，从而发展出了他们自己的神话。

但是，一个已知的事实是，在大约公元前 3500 年到公元前 2000 年这样的长时间跨度里，正是苏美尔人成为整个近东统治性的文明族群。苏美尔人可能发明或发展了楔形文字书写系统；他们发展出了完整的万神殿及与其相伴随的精神与宗教观念，这深刻影响了近东的所有族群；他们也创造和发展了一种内容丰富、形式有力的文学。而且，接下来重要的事实必须被记住。公元前第三千纪末期，作为一个政治实体，苏美尔已经不复存在，苏美尔语言也已经成为一门死语言，因为，在此时代，苏美尔地区已经被闪族人蹂躏与征服，闪族阿卡德语逐渐成为这片土地上鲜活的口头语言。尽管苏美尔语仍作为闪族征服者的宗教与文献语言持续了许多个世纪，就像古希腊语之于古罗马时期、拉丁语之于中世纪一样。确实，经历了许多个世纪的苏美尔语言和文献研究保留了其书匠学校的基本追求，不仅巴比伦与亚述的智识和精神中心如此，而且，周边的许多族群诸如埃兰（Elamites）、胡里（Hurrians）、赫梯（Hittites）与迦南（Canaanites）亦如此。显然既是因为其内容，也是因为其年代，苏美尔的神话传说与观念一定已经深深渗透到整个近东的神话传说中了。苏美尔神话和传说的知识因而具有一个原初、基本的属性，在当前的古代近东神话研究中，可以作为一种合适的科学方法加以运用，因为它在一定程度上展示与厘清了它们起源与发展的背景。[i]

正是这种在实践中对苏美尔神话的未知，使我有资格对其作出后文中的概述。这一概述将从宇宙的起源与人类的创生这样的核心神话开始。接着，是由一个屠龙（dragon-slaying）主题的三个译本组成的关于库尔的神话，还有诗歌《印南娜下冥府》。然后以三个有趣的复合神话的梗概结束。总而言之，希望读者能够得到一个相当合适的苏美尔神话的代表性认识，考虑到这个文明所包括的年代，"代表性"是指在范围上十分广泛，在细节上无比丰富。

第二章　起源神话[①]

一个特定文化最有意义的神话，通常是宇宙的演化或者创世神话，这种神圣故事在一定程度上演变和发展为对宇宙的起源、诸神的出现以及人类的存在进行解释。因此我们将在这一章对此投入精力，到目前为止，这是我们的专论中最长的内容，论述公元前第三千纪的苏美尔创世理论与观念的潮流。主要解决下面三个内容的主题：（1）宇宙的创造；（2）宇宙的组织；（3）人类的创造。

宇宙的创造

苏美尔宇宙创造观念的主要来源是绪论中谈到的那首苏美尔诗歌，我将其命名为《吉尔伽美什、恩启都与冥府》。这首诗歌的破译过程是明确而不无趣味的。1934年，当第一次尝试破解其内容时，我发现属于这首诗歌的八块泥版碎片——其中七块来自尼普尔，一块来自乌尔——已经得到了复制与出版。这八块情况如下：雨果·拉道（Hugo Radau）1910年

[①]　原著中作者针对第二章及其后的独立引文做出说明："在已经翻译的苏美尔语段落中，斜体字表示存疑或外来词。圆括号内的词语并不是苏美尔原文，而是为了表意清楚而补充的。方括号内的词语是原文中脱落和丢失，又被作者补充上的。引号里的词语代表苏美尔词语的字面意思有更多的可能性，很难确定以至于不能成为一种更惯常的用法。"考虑到译成中文后行文的流畅，译文没有照搬原样对独立引文进行不同的标记。——译者注

图 7　诸神与冥府

美索不达米亚对于艺术所作的比较显著的贡献之一就是滚印（cylinder seal）。这一发明的初衷应该是鉴别、维护货物运输与储存的所有权，它也被用来作为一种即时的法律文件的签名。滚印的使用步骤是，先用其在湿泥上滚动，然后将印上的图案压在上面。这些图案由刻印者在各种大小的石柱体上雕刻，其所展现的内容对于我们研究苏美尔神话学具有重要的价值。尤其是第三千纪后半叶苏美尔保存至今的滚印确实如此。滚印上面的图案有相当多的都是宗教与神话题材。[32]

上面的图案很明显多少试图描绘一个复杂的神话故事。三位神可以得到区分与合理的确认。右面数第二个就是水神恩基，他伴随着流动的水流和游鱼。紧随其后，就是他的双面使者伊斯穆德，他在我们的几个关于恩基的故事中都扮演了重要的角色。表面上看，正在从下部区域升起的是乌图，太阳神散发出像刀一样炽热的光芒。站在山顶的女性形象，身旁看起来是一棵相当孤独的树，她可能是印南娜。如果这个形象左手持弓，那又可能被认为是吉尔伽美什。我们可能在这个图案中看到传说《吉尔伽美什、恩启都与冥府》中的大部分主人公。可是，很明显缺少了恩启都，而伊斯穆德则被描绘在图案中，但是，他在故事中却没有出现。因此，在图案与史诗传说之间任何紧密的联系都是不可能的。

中间的图案中没有可以合理确定分辨的形象。在图案的左半部分，我们注意到有一位神，看起来正在从下部区域升起，正在呈献一个类似权杖的物体给一位女神。左面是一位神，或许是吉尔伽美什，他看起来正在劈砍一棵树，树干已经被砍弯了。图案的右面看起来描绘了一个仪式场面。

下面的图案可以图示出"冥府已经捕获了他"的意思。在场景的右半部分，我们注意到一位神实际上在一座燃烧的大山（苏美尔语中"mountain"这一符号，一般被有规则地用来表示"冥府"的意思）中。大山的右边是一位神，他可能正在用火把把它点燃。在这位神灵之后是一位女神放射着炽热的光线与光环，她可能被认同为印南娜。图案的左半边绘了一位将一个牛人扯着尾巴举起的神；两者都是在大山中。

[经麦克米伦公司允许复制，引自亨利·法兰克福（Henri Frankfort）：《滚印》（*Cylinder Seals*，伦敦，1939），图 XIXa, XXIa 和 XVIIIj。]

第二章　起源神话 | 035

在费城出版了曾经收藏于大学博物馆的两块；斯蒂芬·朗顿（Stephen Langdon）1914年出版了在伊斯坦布尔的两块；爱德华·切拉（Edward Chiera）1924年出版了在伊斯坦布尔的一块，1934年出版了在费城的两块；C.J.加德（C.J. Gadd）1930年出版了出土于乌尔，已收藏在大英博物馆，迄今保存最为完好的一块。[31] 但是，对神话进行睿智的重构与翻译仍然是不可能的，很大程度上因为一些泥版与残片看似相互重复，既没有押韵也没有理由，在措辞上也没有半点儿变化，不可能对之进行适当的安排。1936年，在把我的第一个神话的翻译《印南娜下冥府》寄给《亚述学杂志》（Revue d'assyriologie）后，我决定认真地努力去重构这首诗歌的内容，显然，它看起来包含了一个迷人而重要的故事。正是在那之后，我突然得到了线索，能够以它们适当的顺序来安排残片。

这一线索明确得自对苏美尔诗作两种体裁特征的一种有效使用。第一种体裁特征就是其对艺术技巧的衡量处于较低的层次，而这从译者的立场来看则真正是一种恩惠。可以作如下描述：当一个诗人认为重复某一特定的描述或事件是可取的时，他就会不厌其详地从头到尾重复这一部分。因此，在诗作中，当一位神或英雄命令他的使者去传递一个信息的时候，而这一信息无论多么冗长或者详尽，在文本中都要重复一遍。第一次，是在主人对这名使者作出指示的时候；第二次，则是在这个信息实际被传达的时候。这两个版本实际上是一致的，如果其中一块载有信息的泥版破裂了，就可以通过其他的加以恢复。

至于第二种体裁特征，可以作如下的概括。苏美尔诗人在他们的史诗与神话作品中使用两种方言，一种是主流的方言，另外一种是埃麦沙尔（Emesal）方言。后者与前者非常接近，仅仅在几个语音变化的规律和特征上显现出了差异。有意思的是，诗人在表现一位女性的直接讲话时，采用这种埃麦沙尔方言，而男性的讲话却不用。诸如印南娜——天空女神就有规律地使用埃麦沙尔方言。[33]在仔细检视文本之前，我意识到已经着手的几个段落，所呈现出的只是无意义和动机不明的复制品，实际上包含着女神印南娜的一个演说，其中她使用埃麦沙尔方言重复着此前诗人用主流方言进行叙述的内容。

以这一线索作为指引，我成功地将这首诗的第一部分整合到一起，并于1938年出版。[34]诗歌的后半部分很大程度上仍然是难以索解的，甚至已经出版的前半部分也在文本中有严重的中断。1939年，我在伊斯坦布尔发现了这首诗的一块碎裂的原始刻本。在过去的一年里，我在费城大学博物馆又鉴别并复制了7块。[35]结果，现在已经有这首诗的16块刻本，除了一个段落散落不堪外，超过250行是能够被合理地重构和正确地翻译的。

这首诗歌大概叙说了如下内容：过去曾经有一棵胡鲁普树（huluppu-tree），可能是柳树；它生长在幼发拉底河岸边，河水滋养着它。可是，当幼发拉底河洪水泛滥的时候，南风摧折了树的根与冠。天空女神印南娜这时来到这里，把树拿在手中，带到了乌鲁克，这里坐落着她的主神庙。她在神圣的花园中种下了这棵树，精心地照料着它。女神准备当这棵树长大时，用树干给自己做一把座椅和一张睡椅。

几年过去了，这树逐渐成熟长大。可是，印南娜却发现自己不能砍倒大树。因为在树下"不知晓魔力"的蛇已经筑下了它的巢穴；在树冠上，祖鸟（Zu-bird）——一种神话造物，不时造成危害——则喂养着它的小鸟；在中部，蛮荒之地的少女莉莉丝（Lilith）已经建造了自己的房子。因此，可怜的印南娜，轻松而快乐的少女，流下了酸楚的泪水。当黎明来临时，她的兄弟太阳神乌图（Utu）从自己的卧室中醒来，她声泪俱下地向他倾诉自己的胡鲁普树所遭受的一切。

现在该吉尔伽美什登场了。这位苏美尔的大英雄，古希腊赫拉克勒斯的前身,居住在乌鲁克,碰巧听到印南娜流泪的抱怨,就像骑士一样去援救她。他穿上了他那重五十迈纳(mina)(约五十磅)的盔甲,手拿重七塔兰特(talent)又七迈纳(超过四百磅)的"开路斧"。他揪出了树底下"不知晓魔力"的蛇,监督着祖鸟带着它的小鸟飞到山上,莉莉丝拆掉她的房子,逃到了她习惯于出没的蛮荒之地。现在,乌鲁克的人们随着吉尔伽美什砍倒了大树,把它带到印南娜面前,用来制作座椅与睡椅。

印南娜做了什么呢?她以胡鲁普树为基础所做的物品叫作蒲库(pukku,可能是一种鼓),她又用树冠做了另一种相关的物品,叫作米库(mikku,可能是一种鼓槌儿)。她把这些东西送给了吉尔伽美什,以奖励他的勇敢。接下来的一段有12行,描述了吉尔伽美什使用这两样东西的活动,它们的实际意思,我仍然没有看透,尽管这一故事现在在外形上是完整而讲得通的。当这一故事发展到又能理解的时候,它继续讲述,"因为年轻的少女的哭喊",蒲库与米库落入了冥府(也称作"地下世界")。显然,它们是通过地面上的一个洞穴掉下去的。吉尔伽美什把手伸进洞里,试图取回它们,可是够不到;他把脚伸进去还是碰不到。因此,他自己就坐在冥府的大门口,带着死去的表情[j]:

我的蒲库,谁能从冥府将它带回?

我的米库,谁将从冥府之"面部"将它带回?

他的仆人恩启都(Enkidu),也是他坚定的追随者与同伴,听到主人的哭喊,回答道:

我的主人,你为什么哭喊,你为何悲伤?

你的蒲库,我将为你把它从冥府带回,

你的米库,我将为你把它从冥府之"面部"带回。

于是,吉尔伽美什警告他去冥府的危险——这是极好的一段,简明

扼要地描绘了那个领域的禁忌。吉尔伽美什对恩启都说:

现在,如果你对下到冥府感到畏缩,
你要记住我对你说的每一个字,
你要记住我给你的每一条建议。

不要穿整洁的衣裳,
以免(死去的)英雄们出现把你视为敌人;
不要给自己涂抹容器中上好的油脂,
他们闻到会包围你。

不要在冥府投掷投掷棍,
以免那些被投掷棍击倒的人包围你;
你的手里也不要带着棍棒,
以免阴魂们全都飞到你的身边。

你的脚上不要穿便鞋,
在下面的世界也不要大喊哭泣,
不要亲吻你的爱妻,
不要亲吻你的爱子,
不要打你厌憎的妻子,
不要打你厌憎的儿子,
以免冥府的你的"哭喊"会捉到你;
(哭喊)为了正在躺着的她,为了正在躺着的她,
神尼纳祖(Ninazu)的母亲正在躺着。
她的神圣的躯体没有外衣遮盖,

她的神圣的乳房没有衣物包裹。

但是,恩启都没有在意他的主人的建议,他违反了吉尔伽美什警告他不要做的每一件事情,所以他被冥府留下了,无法再回到地面上。于是,吉尔伽美什变得非常不平静,他向尼普尔城进发,并且在伟大的大气之神恩利尔(Enlil,在公元前第三千纪是苏美尔万神殿中的主神)面前哭泣:

噢,父神恩利尔,我的蒲库落入了冥府,

我的米库落入了冥府;

我派恩启都去给我找回,冥府却困住了他。

那姆塔(Namtar,一只怪兽)没有伤害到他,阿沙克(Ashak,一只怪兽)没有伤害到他,冥府却困住了他。

涅尔加(Nergal),这个潜伏者,从不宽恕任何人,也没有伤害到恩启都,冥府却困住了他。

显示英勇的战争里,他没有退缩,冥府却困住了他。

但是,恩利尔拒绝支持吉尔伽美什。吉尔伽美什又回到了乌鲁克,向水神恩基——"智慧之神"发出恳求。恩基命令太阳神乌图打开冥府的洞穴,允许恩启都的阴魂升到地面。太阳神乌图从命,恩启都的阴魂出现在吉尔伽美什面前。主仆相拥,吉尔伽美什接着询问恩启都在冥府的见闻。这一诗篇从这开始到结束的内容损毁严重,但是,根据现存的部分对话有助于得到一个说明[k]:

吉尔伽美什:"你看见有一个儿子的那个他了!"

恩启都:"我看见了。"

吉尔伽美什:"他是如何被对待的?"

恩启都:(回答破损)

图 8 天与地的分离

这里所复制的两个插图属于史诗《吉尔伽美什、恩启都与冥府》。左边是一块泥版（14068，出土于尼普尔，收藏于大学博物馆），切拉在1934年出版。[36]右边是一个柱形的碎片（4429，出土于尼普尔，收藏于伊斯坦布尔古代东方博物馆），由本人复制，迄今尚未出版。标记的段落包括了关于宇宙创造的重要内容；其翻译与注音，见下面导读部分引用的"天空被从大地移开之后"一段与第五章中注释［37］[37]。

第二章 起源神话 | 041

图9　恩利尔分开天与地

　　泥版（13877，出土于尼普尔，收藏于大学博物馆）[38]插图是用来重构诗歌《镐头的创造》文本20块复制品中的一块。前5行对于苏美尔宇宙创造的观念具有重要意义；其翻译与注音，见神话《镐头的创造》中"主人"段与第五章中注释［39］[39]。

吉尔伽美什："你看见有两个儿子的那个他了吗?"

恩启都："我看见了。"

吉尔伽美什："他是如何被对待的?"

恩启都：（回答破损）

吉尔伽美什："你看见有三个儿子的那个他了吗?"

恩启都："我看见了。"

吉尔伽美什："他是被如何对待的?"

恩启都："……他喝了很多水。"

吉尔伽美什："你看见有四个儿子的那个他了!"

恩启都："看见了。"

吉尔伽美什："他是如何被对待的?"

恩启都："就像……他的心情喜悦。"

吉尔伽美什："你看见有五个儿子的那个他了!"

恩启都："我看见了。"

吉尔伽美什："他是如何被对待的?"

恩启都："像一位优秀的书匠，他双臂张开，给那里带去正义。"

吉尔伽美什："你看见有六个儿子的那个他了吗?"

恩启都："我看见了。"

吉尔伽美什："他是如何被对待的?"

恩启都："好像操作耕犁的他内心愉悦。"

吉尔伽美什："你看见有七个儿子的那个他了！"

恩启都："我看见了。"

吉尔伽美什："他是如何被对待的？"

恩启都："好像一个接近于神的人，他……"

又有一个问题接踵而至：

吉尔伽美什："你看见尸体（未埋葬）在平原上的那个他了吗？"

恩启都："我看见了。"

吉尔伽美什："他是如何被对待的？"

恩启都："他的鬼魂在冥府得不到安眠。"[1]

到此，我们的诗歌就结束了。[40]就是对这一作品的介绍，提供了苏美尔宇宙创造观念的最重要的材料。可理解的导读部分如下：

天空被从大地移开之后，

大地被同天空分离之后，

人类的名字被确定下来；

当安（An）主宰天空之后，

当恩利尔主宰大地之后，

埃里什基加尔（Eneshkigal）被库尔（Kur）捕获，库尔将其作为自己的战利品；

在他已经起航之后，在他已经起航之后，

父神向着库尔已经起航之后，

恩基向着库尔已经起航之后；

库尔咆哮着抛掷，用小的还击对抗神王，
它咆哮着抛掷，用大的还击对抗恩基；
小的还击，手中的石头，
大的还击，石头……芦笛，
恩基之舟的龙骨，
在战斗中，就像猛攻的风暴，压倒一切；

水在船头抗击神王，
就像狼在吞咽，
水在船尾对抗恩基，
就像雄狮扑击。

如果我们对这一部分进行解释和分析，可以得到下面的内容：天空与大地，起初是相连的，后来被分开与移走，于是就注定了人类的创造。天空之神安获得了天空，而大气之神恩利尔获得了大地。所有这些似乎都与计划的一致。然而，一些分裂发生了。女神埃里什基加尔——与古希腊的珀耳塞福涅对应，我们一般认为她是冥府的女王，她起初可能是一位天空女神——被劫持到冥府，或许冥府就是库尔。不用怀疑，为了报复此种行为，水神恩基起航进攻库尔。后者显然被构想为一只怪兽或恶龙，它也绝非等闲之辈，眼看别人进攻，它也扔石头还击，大的与小的，砸向恩基之舟的龙骨，而原始之水则从船头与船尾攻击恩基的船。诗篇并未给出恩基与库尔之间战争的结果，因为整个宇宙演化或创造的导引同吉尔伽美什作品的基本内容无关；之所以被放置于诗歌的开头，只是因为苏美尔书匠习惯于使用这样的关于创世的几个导引行作为他们故事的开始。

正是从这一导引的第一部分,我们得到如下的宇宙演化观念:

1. 天空与大地曾经是一体的。
2. 在天空与大地分离之前,就有某些神存在。
3. 在天空与大地分离之时,可能作为一种期待,天空之神安得到了天空,而大气之神恩利尔得到了大地。

在这一段落中,还有未被陈述或暗示的如下几点:

1. 天空与大地是按照构想被创造的吗?如果是,被谁创造?
2. 苏美尔人所构想的天空与大地的形态是什么样的?
3. 是谁分开了天与地?

幸运的是,这三个问题的答案可以从我们所收集到的其他苏美尔文本中得到补充。

1. 在一块列出了苏美尔众神名单的泥板上,女神纳姆(Nammu)[41],表意文字书写为"大海",她被描写为"母亲,诞生了天空与大地"。天空与大地因而被苏美尔人构想为原初瀛海的创造物。

2. 神话《牛与谷物》中,描绘了牛与谷物精灵在天空中诞生,然后被送到大地,给人类带去繁荣。开头两行如下:

在天空与大地的大山之上,

安(天空之神)带来了恩努纳济(其追随者)的诞生……

想一想这并非不合理,天空与大地连接处被设想为一座大山,其底部是地面,其顶部是天空。

3. 神话《镐头的创造》,描绘了镐头这种重要农具的精加工与贡献,以如下诗行引导:

主人,他显示的一切都是真正合适的,

主人的决定是不可更易的,

图 10　混合的神话场景

最上面的图描绘了乌图的升起,太阳神是通过其炽热与刀锋般的光芒得到辨识的。他把左脚放在一座大山上,而正在出席的诸神打开了大门。

在第二幅图中,诸神中有两位是可以辨识的。最右边是水神恩基,他在自己的"海洋之宫"中端坐王位,或许这个屋子就是《恩基与埃利都》中提到的。中心的左边是太阳神乌图,他放射出炽热与刀锋般的光芒。他一只脚站在一只有翼的雄狮身上,另一只脚站在一个蜷曲的神身上。跪着的形象在左边,握着门柱,她可能是恩基的仆人。在恩基与乌图之间的神,正在爬山,还不能辨识。

第三幅图描绘了一位带有炽热光芒不可辨识的神,正在乘舟旅行。这一场景令人想起南纳赴尼普尔的旅行。船尾的主体是一个蛇头,而船首是一位神的身体,他正在用力撑船。在船上摆放着各种壶、农具和狮身人面。岸上是一位植物女神,或许可以被识别为植物女神乌忒图,或者谷物女神阿什南。

最底下的图描绘的可能是一次神圣的通婚。

[经麦克米伦公司允许复制,引自亨利·法兰克福(Henri Frankfort):《滚印》(*Cylinder Seals*,伦敦,1939),图 XVIIIa, k, XIXe 和 XVI。]

>恩利尔，他从大地上培育出了土壤的种子，
>
>从大地上小心分离出了天空，
>
>从天空中小心分离出了大地。

这样，我们回答了第三个问题：正是大气之神恩利尔，从大地上移走天空，分开了天与地。如果现在我们总结苏美尔人的宇宙演化与创造观念，解释宇宙的起源，可以表述如下：

1. 首先是原初瀛海。它的诞生与起源没有讲，苏美尔人将其构想成永恒的存在，是不太可能的。

2. 原初瀛海产生了宇宙山，将天空与大地连为一体。

3. 以人的形象构想神，安（天空）是男性，基（Ki，大地）是女性。大气之神恩利尔连接着他们。

4. 大气之神恩利尔从大地上把天空分离出来，而他的父亲安则统治着天空，恩利尔本身获得了他的母亲基，就是大地。基在有史时代或许被认为是同"大母神"宁马赫（Ninmah）一致的，基的多样的变体还包括"宇宙山的女神"宁胡尔萨格（Ninhursag）、"生产女神"宁图（Nin-tu）。恩利尔同他母亲基结合，为宇宙的组织、人类的创造还有文明的建立打下了基础。[42]

宇宙的组织

苏美尔语"宇宙"的表达式安－基（An-Ki），字面上就是"天－地"。宇宙的组织可以进一步细分成天空的系列和大地的系列。天空包括天及天之上的空间，也就是"至上"（great above），这里居住着天神。大地包括地面和地面之下的空间，也就是"至下"（great below），这里居住着冥府的神明。因为天空组织的神话材料相对缺乏，到目前可以概括如

下：南纳（Nanna），月神，苏美尔主要的天体神，是大气之神恩利尔的儿子，恩利尔的妻子宁利尔（Ninlil）是大气女神。月神南纳被构想为乘坐着一艘圆形篮状船穿过天空进行旅行，这给黑暗的青金石的天空带来光亮。"小家伙们"——星星们像谷粒一样分散在他的周围，而"大家伙们"——或许是行星，可能像牛群一样跟着他走。[43]

月神南纳和他的妻子宁加尔（Ningal）是太阳神乌图的父母，乌图从"东边的大山"升起，在"西边的大山"落下。到目前为止，我们尚未发现任何关于太阳神乌图乘坐船或车在天空中巡行的记载。夜间，他的行为并不清楚。[m]想象他在每天结束时位于"西边的大山"上并非不合理。可是，在夜晚，他在冥府继续其旅程，黎明时分到达"东边的大山"上，却并未得到现存证据的证实。确切的判断来自一篇向太阳神祈祷的祷文[44]，如下：

啊，乌图，大地的牧羊人，黑头人（black-headed）的父亲，

当你躺下，人们也躺下，

啊，英雄乌图，当你升起，人们也起来。

还有一段破晓的描述[45]，如下：

当光线涌出，当地平线呈现亮色……

当乌图从他的加努努（ganunu）出现。

还有一段日落的描述[46]，如下：

乌图扬程奔向他的母亲宁加尔的怀抱。

看起来，苏美尔人构想乌图在夜间是睡觉的。

再转到大地的组织上来，我们了解到，正是大气之神恩利尔"促成好时光的到来"。他决心"从大地上提出种子"并且建立赫加尔（hegal），也就是丰富、充裕、繁荣之地。恩利尔还造出锄头与犁作为农具的原型以供人类使用；他任命恩滕（Enten）作为农神，成为他坚定而可信

赖的田地工人。另一面，还有水神恩基，他产生了植物女神乌忒图（Uttu）。恩基实际上还管理大地，尤其是包括苏美尔的土地，以及其周边的邻居都成为他关注的对象。他判定苏美尔、乌尔和麦鲁哈（Meluhha）的命运，对一些小神委以特殊的任务。大气之神恩利尔和水神恩基，派牛神拉巴（Labar）与谷物女神阿什南（Ashnan）从天空来到大地，以便使牛与谷物丰产。

上述宇宙组织的概述建立在九个苏美尔神话的基础上，现在，我们已经得到了它们的整体或大部分内容。这里面有两则包括月神南纳的神话，分别是《恩利尔与宁利尔：南纳的由来》《南纳赴尼普尔的旅程》。其他七则对于了解苏美尔文化与文明的起源和建立具有最重要的作用。它们是：《埃麦什与恩滕：恩利尔选择农神》《镐头的创造》《牛与谷物》《恩基与宁胡尔萨格：水神事件》《恩基与苏美尔：大地的组织与其文明化的过程》《恩基与埃利都：水神赴尼普尔的旅程》《印南娜与恩基：文明之艺从埃利都到乌鲁克的传播》。我们现在将继续简要概括这些神话的内容；希望它们的丰富多样使读者用苏美尔精神与宗教内涵去评估其神话观念。

恩利尔与宁利尔：南纳的由来[n]

这是一则令人愉快的神话，包括152行的文本内容[47]，几乎是完整的。它似乎包括对南纳还有三位冥府的神明由来的解释，三位冥府的神明即涅尔加（Nergal）、尼纳祖（Ninazu），第三位的名字字迹模糊不清。如果对这首诗歌进行直接解释，它会是第一个已知的神明变形的例子，恩利尔呈现三种不同的个体形式，使他的妻子宁利尔生下了三个冥府的神明。

诗歌以一个介绍性的段落描绘了尼普尔城，该城市看起来被构想为在造人之前即已存在：

  看，"天与地的结合"，这城市……

  看，尼普尔，这城市……

  看，"亲切的城墙"，这城市……

  看，伊德萨拉（Idsalla），它纯净的河，

  看，卡库仑纳（Karkurunna），它的码头，

  看，卡拉萨拉（Karasarra），它停船的码头，

  看，普拉尔（Pulal），它水质甘甜的水井，

  看，伊德奴恩波度（Idnunbirdu），它纯净的运河，

  看，恩利尔，它年轻的男人，

  看，宁利尔，它年轻的女人，

  看，奴恩巴舍古奴（Nunbarshegunu），它的老妇人。

在这样简单的背景概括之后，真正的故事开始了。奴恩巴舍古奴，这位尼普尔的"老妇人"，宁利尔的母亲，教导宁利尔如何得到恩利尔的爱。

  在那些日子里，母亲，宁利尔的生产者，给女孩儿提出了建议，

  奴恩巴舍古奴，给宁利尔提出了建议：

  "在纯净的河水里，啊，我的孩子，在纯净的河水里洗净你自己，

  啊，宁利尔，沿着伊德奴恩波度岸边走，

  眼睛放光，主神，眼睛放光，

  '大山'，父神恩利尔，将向你眼睛闪光，

  牧羊人……他评判命运，眼睛放光，将看到你，

  他将……他将吻你。"

宁利尔遵从她母亲的教导，结果被注入了恩利尔之"水"，孕育了月神南纳。然后恩利尔离开尼普尔，向冥府的方向走去，可是宁利尔紧紧跟随着他。当离开大门时，恩利尔吩咐"守门人"，不要给好奇的宁利尔任何关于他行踪的信息。宁利尔到了"守门人"那里，并且要求得知恩利尔的去向。在文中恩利尔看似化成了"守门人"，总之，在外形上和"守门人"十分一致。这一段的原文是十分难解的，似乎包括了"守门人"拒绝泄露恩利尔行踪的内容。宁利尔这时提醒他，恩利尔不容置疑是他的国王，而她则是王后。于是恩利尔以"守门人"的形象和她睡觉，并使她怀孕。结果，宁利尔怀上了莫斯拉姆塔伊（Meslamtaea），就是大家所知的涅尔加——冥府之王。尽管这部分十分模糊，但其非同寻常的趣味，将很容易从下面的引述中看出来：

恩利尔……离开了城市，
努纳姆讷（Nunamnir，恩利尔的别名）……离开了城市。
恩利尔走着，宁利尔跟着，
努纳姆讷走着，女人跟着，
恩利尔对守门人说：

"啊，守门人，看门人，
啊，看门人，忠实的看门人，
你的王后宁利尔来了；
如果她向你问起我，
不要告诉她我在哪儿。"

宁利尔走到守门人面前：
"啊，守门人，看门人，

第二章 起源神话 | 053

啊，看门人，忠实的看门人，
恩利尔，你的国王去哪儿了？"

恩利尔伪装成守门人回答她：
"恩利尔，所有土地之王，已经命令我（不许说）。"

接下来的4行包含了这一命令的实际内容，但是，它们的意思晦涩难懂。宁利尔和恩利尔开始对话，恩利尔扮成了"守门人"：

宁利尔："你要知道，恩利尔是你的国王，我是你的王后。"

恩利尔："如果现在你是我的王后，让我的手抚摸你……"

宁利尔："你的国王之'水'，明亮的'水'在我心里，南纳的'水'，明亮的'水'在我心里。"

恩利尔："我的国王之'水'，让它走向天空，让它走向大地，让我的'水'，就像我的国王之'水'，走向大地。"

恩利尔，扮成守门人，躺在……（lay down in the…）

他吻了她，他和她睡在一起，

因为已经吻了她，他和她睡在一起，

莫斯拉姆塔伊……之"水"，他让她心潮起伏。

诗歌继续讲述地下之神尼纳祖的产生。这次，恩利尔扮成了"地下之河的守护人"，那河是"吞人之河"。这一段落也是描绘莫斯拉姆塔伊生产的副本，如下：

恩利尔走着，宁利尔跟着，

努纳姆讷走着，女人跟着，

恩利尔对吞人之河，地下之河的守护人说：

"啊，吞人之河，地下之河的守护人，

你的王后宁利尔就要过来；

图 11　恩利尔与宁利尔：南纳的由来

这一图解是一块泥版（9205，出土于尼普尔，收藏于大学博物馆）的正面，后来被乔治·巴顿在 1918 年出版。[48] 其内容尽管显然对于苏美尔神话学更有意义，但在很多年里，很大程度上不可理解。随着苏美尔学在过去四分之一世纪的进展和另外九块泥版被作者所发现（八块在大学博物馆，一块在古代东方博物馆）[49]，现在，重构与翻译这首诗已经成为可能。引用的段落包括下面诸行：

^{d}en-líl-li ì-du ^{d}nin-líl in-uš

^{d}nu-nam-nir ì-du ki-sikil mu-un-...

^{d}en-líl-li lú-ká-gal-ra gù mu-na-dé-e

lú-ká-gal lú-^{giš}si-gar-ra

lú-^{giš}šu-di-eš lú-^{giš}si-gar-kug-ga

nin-zu-^{d}nin-líl-li i-im-du

u_4-da én-mu mu-ra-tar-ra

za-e ki-mu nam-mu-ni-in-pàd-dé

翻译见第 053 页（从"恩利尔走着"到"不要告诉她我在哪儿"，共 8 行）。

第二章　起源神话 ｜ 055

如果她向你问起我,

不要告诉她我在哪儿。"

宁利尔来到了吞人之河,地下之河的守护人面前:

"啊,吞人之河,地下之河的守护人,

恩利尔,你的国王,他去哪儿了?"

恩利尔以吞人之河,地下之河的守护人的身份回答她:

"恩利尔,所有土地之王,已经命令我(不许说)。"

这一命令的内容也是模糊的。接下来是恩利尔与宁利尔之间的对话,恩利尔扮成"吞人之河,地下之河的守护人":

宁利尔:"确实,恩利尔是你的国王,可我是你的王后。"

恩利尔:"如果现在你是我的王后,让我的手抚摸你……"

宁利尔:"你的国王之'水',明亮的'水'在我心里,南纳的'水',明亮的'水'在我心里。"

恩利尔:"我的国王之'水',让它走向天空,让它走向大地,让我的'水',像我的国王之'水',走向大地。"

恩利尔扮成吞人之河,地下之河的守护人,躺在……

他吻她,他和她睡在一起,

因为已经吻了她,他和她睡在一起,

尼纳祖之"水",……的国王,他让她心潮起伏。

然后,这首诗继续讲述第三位地下之神的生产过程,他的名字是难以辨认的。这次恩利尔扮成了"船夫"。最后,神话以一个简洁的赞颂段落结束。其中,恩利尔被尊为丰裕之主和说一不二的王者。

南纳赴尼普尔的旅程

公元前第三千纪，尼普尔成为苏美尔地区的精神中心。它的守护神是恩利尔，也是苏美尔万神殿的主神；他的神庙埃库尔（Ekur）是苏美尔地区最重要的神庙。恩利尔的祝福是苏美尔其他重要城市繁荣与富裕的最基本保证，就像埃利都、乌尔等，都是如此。为了得到祝福，这些城市的保护神被设想成带着礼物前赴尼普尔，朝觐那里的神与神庙。下面的神话[50]就描述了月神南纳〔也被称为辛（Sin）或埃什戈巴巴尔（Ashgirbabbar）〕从乌尔到尼普尔的旅程，南纳正是乌尔的保护神。在这个神话中，就像前述关于恩利尔与宁利尔的作品一样，尽管似乎人类还没有存在，但乌尔和尼普尔这样的城市看起来好像得到了充分的建设，牲畜与粮食十分充足。

诗歌开头描述了尼普尔的辉煌，接下来描述了南纳决定去朝觐他父亲的城市：

准备前赴他父亲的城市，站在他父亲的面前，

埃什戈巴巴尔坚定了他的信念：

"我，英雄，我要去我的城市，我要站在我父亲的面前；

我，辛，我要去我的城市，我要站在我父亲的面前，

我要站在我父亲恩利尔的面前；

我，我要去我的城市，我要站在我母亲宁利尔的面前，

我要站在我父亲的面前。"

于是他就把种类丰富的树及其他植物和动物装到了他的圆形篮底船上。在从乌尔到尼普尔的旅途中，南纳与他的船在五个城市停留：伊姆（Im?）、拉尔萨（Larsa）、乌鲁克（Erech），还有两个名字模糊的城市。在这些城市中，南纳都受到了当地主神的问候与款待。最后他到达了尼

普尔：
    在青金石的码头，恩利尔的码头，
    南纳——辛停下了他的船，
    在白色的码头，恩利尔的码头，
    埃什戈巴巴尔停下了他的船，
    在父亲，他的生产者的……上，
    他自己停了下来，
    他对恩利尔的守门人说：
    "打开屋子，守门人，打开屋子，
    打开屋子，啊，守护的神怪，打开屋子，
    打开屋子，为你制作的树运来了，打开屋子，
    啊……为你制作的树运来了，打开屋子，
    看门人，打开屋子，啊，守护的精灵，打开屋子。"
他继续向守门人列举船上带来的礼物，紧接着说：
    守门人，打开屋子，啊，守护的精灵，打开屋子，
    那放置船头的，放置前头的，
    我将给你，
    那放置船尾的，放置后头的，
    我将给你。
看门人为南纳打开了大门：
    非常愉快，看门人愉悦地打开了大门；
    守护的精灵，为他制作的树运来了，非常愉快，
    看门人愉悦地打开了大门；
    为他制作的树运来了，非常愉快，
    看门人愉悦地打开了大门；

对于辛的到来，恩利尔十分高兴。

接下来是两位神的欢宴；然后南纳向他的父亲恩利尔演说道：

在河中，赐我充盈，

在田中，赐我丰收，

在水塘，赐我水草与芦苇，

在森林，赐我……

在平原，赐我……

在棕榈林与葡萄园，赐我蜜与酒，

在宫殿，赐我长生，

我将回到乌尔。

恩利尔接受了他儿子的请求：

他赐予他，恩利尔赐予他，

他回到乌尔。

在河里，他赐予他充盈，

在田中，他赐予他丰收，

在水塘，他赐予他水草与芦苇，

在森林，他赐予他……

在平原，他赐予他……

在棕榈林与葡萄园，他赐予他蜜与酒，

在宫殿，他赐予他长生。

埃麦什与恩滕：恩利尔选择农神

这个神话[51]很大程度上接近《圣经》中该隐－亚伯的故事，尽管这里的结局是和解而非谋杀，但二者是可以平行比较的。这个神话有300多行，其中只有大约一半是完整的。因为大量的泥版都碎裂了，文本的意

思也因此是很难洞察的。这首诗的内容暂且重构如下:

大气之神恩利尔决定生成树与谷物,在大地上建立丰裕与繁荣。因为这个目的,埃麦什与恩滕两兄弟被创造出来,恩利尔给他们指派特殊的任务。这里,文本破损严重,从这个意义上而言,不可能辨认出这些任务的准确内容。下面非常简短、可理解的段落至少能够给出它们一般性的暗示:

恩滕使母绵羊生出了羔羊,母山羊生出了幼崽,
他让母牛生产了牛犊,他也促使产生更多的油脂与牛奶,
在平原,他使野山羊、绵羊、驴子心生欢快,
天空之鸟,他让它们在野地筑起鸟巢,
大海之鱼,他使它们在池塘中产卵,
棕榈林与葡萄园,他使它们盛产蜜与酒,
树木,无论在哪里种植,他都会令它们果实累累,
犁沟……
他使作物丰产,
像那位善良的少女阿什南(Ashnan,谷物女神)一样,他使力量显现,
在农田,他使作物品种丰富,
……他使覆盖大地,
他给仓房带来大丰收,他使谷仓高高堆起。

无论其最初的任务是什么,一场激烈的争吵在两兄弟之间爆发了。几次争论相继而起,最后,埃麦什对恩滕宣称自己为"神的农夫"的行为提出挑战。他们来到尼普尔,在恩利尔面前分别陈说自己的理由。恩滕向恩利尔抱怨:

图 12　植物诸神

有三幅图描绘了一位神,他和犁有紧密的关系。最上面的图里,两位神正在引导一把犁,或许它正由一头狮子和一条像虫一样的龙牵引着。第二幅,一位坐着的神正在操持一把他前面的犁。在他后面是一座大山,从那里播撒一种植物,山上一只野山羊正在往上爬;他前面一位神正在引导一位崇拜者扛着运送一只瞪羚。在下面的图中,一个无法辨认的神拿着一把犁正在一只船上航行,船尾是一条蛇,船首是一位神的身体,他正在划桨行船。

第三幅图似乎描绘了一个给题铭右边献礼的场景。一个崇拜者扛着一只瞪羚跟着一位拿着花瓶的女神,从瓶中流出了两道水汽。崇拜者站在另一位女神之前,她或许可以被认为是印南娜的战争女神的角色。但是,正是题铭左边的两位神是我们的兴趣所在。看起来好像从他们的肩部都生出了发芽的谷穗,但是,男性神装备了棍棒与弓,一只公羊在他的脚边嬉戏,他可能是牛神拉巴,好像女性神面对着他,可能是谷物女神阿什南。

[经麦克米伦公司允许复制,引自亨利·法兰克福(Henri Frankfort):《滚印》(*Cylinder Seals*,伦敦,1939),图 XXa, d, e 和 XIXe。]

啊，父神恩利尔，用你给我的知识，我使得水流充盈，
使得我所接触的田地丰收，我使仓房谷堆高高，
像善良的少女阿什南一样，我使力量显现，
现在，埃麦什，不尊之人，他根本不了解田地的内心，
我的第一实力，我的最强力量逐步遍及；
在王的宫廷……

埃麦什的反驳，则以几句奉承话开始，狡猾地直接赢得了恩利尔的欢心。他的陈述虽然简短，但是，到目前为止还是难以理解的。

恩利尔回答埃麦什与恩滕：
"所有土地上的活命之水，恩滕是'洞悉者'，
作为神的农夫，他生产了每一件事物，
埃麦什，我的儿子，你为何要把你自己同你的兄弟恩滕相
比较呢？"

恩利尔高贵的言语意义深刻，
决定不可更改，没人可以变动！

埃麦什在恩滕面前屈下了膝盖，
他走进自己的屋子，拿出枣椰酒和葡萄酒，
埃麦什赠给恩滕黄金、白银、青金石，
兄弟情谊与友谊中……他们幸福地向神奠酒，
决定明智地、很好地共同行动。
在埃麦什与恩滕之间的冲突中，
恩滕，神的坚定的农夫，证明自己比埃麦什更加伟大，
……啊，父神恩利尔，赞美您！

镐头的创造

这首诗[52]包括108行,尽管相当多的段落仍然模糊与难解,但它实际上还是相当完整的。作品以一个长的导引段为开始,这些内容对于了解苏美尔人宇宙组织与创造的观念具有首要的参考意义。如果下面的这一重要段落的翻译看似生涩、模糊,读者应该清楚,尽管苏美尔语词的大多数意义已经为人知晓,我们还是无法洞察其内在之义,无法了解它们的内涵与暗示。

因为这些语词所暗含以及设想的背景与情形,我们仍无法理解;正是这一背景与情形,成为苏美尔神话与宗教模式的重要组成部分,这在当时的苏美尔诗人及其"读者"那里是很明确的,这对于充分理解文本是至关重要的。随着对现存苏美尔文献中上下文认识的逐渐积累,我们期待可以克服这一困难;迄今为止,遵循贴近字面意思的原则是最为妥当的。导引段如下[0]:

主人,他显示的一切都是真正合适的,

主人的决定是不可更易的,

恩利尔,他从大地上培育出了土壤的种子,

从大地上小心分离出了天空,

从天空中小心分离出了大地。

为了培育万物,

在"天空与大地的结合部"(尼普尔),他开始大踏步行走……

他带来了镐头,"日子"出现,

他教导劳作,审判命运,

在镐头与篮子之上,他施与了"力量"。

恩利尔使用他尊贵的镐头,

他的黄金镐头,头儿是青金石的,

他的宫殿的镐头……白银与黄金的,

他的镐头……是青金石的,

它的齿儿是一头独角公牛,攀上大墙。

主人召唤镐头判决命运,

他设置了金度(Kindu),并将这圣冠戴在头上,

他把人的头放到模具中,

在恩利尔之前,他(人类?)布满了他的土地,

在他的黑头人(black-headed)之上,他坚定地审视。

恩努纳济(Anunnaki)站在他一旁,

他把它(镐头?)作为礼物拿在手中,

他们用祈祷安慰恩利尔,

他们把镐头赠予黑头人所有。

恩利尔创造了镐头并赋予其神圣的使命之后,另一个重要的神明为它增补了力量与功能。诗歌结束时,是一个长段,在这个段落里,镐头的用途被用炽热的语言加以赞颂。最后的诗行如下:

镐头与篮子建立了城市,

坚实的宫殿由镐头建成,坚实的宫殿由镐头建成,

坚实的宫殿带来繁荣。

宫殿反抗国王,

宫殿不顺从国王,

镐头使它顺从国王。

一些糟糕……的植物它碾碎其头,
连根拔去,撕碎顶冠,
镐头宽恕……植物;
镐头,其命运由父神恩利尔判定,
这个镐头得到颂扬。

牛与谷物

这一神话[53]包括牛神拉巴(Labar)和他的姐姐谷物女神阿什南,代表了近东另外一种类型的该隐-亚伯神话。拉巴与阿什南,据我们的神话讲,是在诸神的创造室中被创造出来的,以便恩努纳济——天空之神安的孩子们与追随者能够有食物吃,有衣服穿。可是恩努纳济不能充分利用这些神性的产物;为了弥补这样的局面,人类被创造了出来。所有这些都是在一个导引段中讲述的,因为其包含着苏美尔人造人的观念,所以十分重要,在093—094页(从"在天与地的大山之上"到"人类被给予了呼吸")全文引用。下面的这一段落,是另一首诗歌的精华;它描述了拉巴与阿什南从天堂降到地面,向人类传播文化的益处:

那些天里,恩基对恩利尔说:
"父神恩利尔,拉巴与阿什南,
他们已经在杜尔库格(Dulkug)被创造出来,
让我们使他们从杜尔库格降下来。"

在恩基与恩利尔纯粹的话语中,

拉巴与阿什南从杜尔库格降生。

他们（恩利尔与恩基）为拉巴建立了羊圈，

他们赠予他植物、药草……

他们为阿什南建立了宫殿，

他们赠予她犁和轭。

拉巴站在他的羊圈里，

扩大了羊圈面积的牧羊人就是他；

阿什南站在作物中，

慷慨与温存的少女就是她。

天堂的丰裕……

拉巴与阿什南所带来，

他们一起带来了丰裕，

在土地上，他们带来生命的呼吸，

他们传递神的审判，

他们令粮仓丰满，

他们使仓库丰盈。

在贫穷的屋子中，掸去灰尘，

他们带来充实；

无论在哪里，他们都是一对儿，

把丰收带进屋子；

他们坐在他们供给之所，他们站在满足之地，

他们实现了安与恩利尔的好心。

但是，后来拉巴与阿什南饮酒过量，开始在农田里争吵。争论继起，他们都赞美自己的成就而藐视对方的功绩。最后，恩利尔与恩基出面干预。可是，包含他们决定的诗的结尾却缺失了。

恩基与宁胡尔萨格：水神事件[p]

因为故事十分复杂而风格却十分朴素，这一神话[54]在我们的整个系列里是最为不平常的作品。主角是恩基，苏美尔的水神，苏美尔四大造物神之一，最接近于他的希腊角色是波塞冬。故事的地点在迪尔蒙（Dilmun），纯净而赐福之地：

> 迪尔蒙是一个纯净之地，迪尔蒙是一处纯洁之所，
> 迪尔蒙是一处纯洁之所，迪尔蒙是一个明亮的地方；
> 是他独自躺在迪尔蒙，
> 在这个地方，恩基被他妻子放躺，
> 这个地方是干净的，这个地方是明亮的；
> 他独自躺在迪尔蒙，
> 这个地方，恩基独自留下宁斯基尔（Ninsikil）的地方，
> 这里是干净的，这里是明亮的。

> 在迪尔蒙，大乌鸦都不会出声聒噪，
> 鹞鹰不会发出嘶鸣，
> 狮子不嗜血，
> 野狼不攫夺羔羊，
> 从不知道杀害小山羊的狗，
> 从不知道吞吃谷物的公猪，
> 鸟在高处……不是它的雏鸟，

鸽子……不是头，

有眼病者不说"我是眼病者"，

有头痛者不说"我是头痛者"，

它（迪尔蒙）的老女人不说"我是一个老女人"，

它的老男人不说"我是一个老男人"，

它的不清洁的女孩儿不是……在这座城市里，

他渡过河，没有出声……

监督者没有……

歌者没有发出悲叹，

在这座城市的一边，他没有发出悲叹。

在这片天堂的土地上缺少的是甘甜的水，所以，迪尔蒙的女神宁斯基尔向恩基祈求淡水。恩基注意到她的请求，命令太阳神乌图把淡水从大地上带到迪尔蒙。结果：

她的城市饮用上了不竭的清水，

迪尔蒙饮用上了不竭的清水，

苦水井变成了甘水井，

她的田地与农场生产出了作物与谷物，

她的城市变成了河岸的房屋和土地的码头，

迪尔蒙变成了河岸的房屋和土地的码头。

迪尔蒙得到了淡水供应。诗歌接下来描述了乌兹图（Uttu）的诞生，乌兹图是一位植物女神，她的出生是一个十分复杂的过程。首先，恩基使女神宁胡尔萨格受孕，她又被称为宁图（Nintu），这位苏美尔女神在相当早的时代可能也被视为基（Ki），即地母。接下来是九天的孕期，诗人详细记录了每天相当于人类妊娠期的一个月。最后她生下了女神宁飒（Ninsar）。这一富于趣味的段落如下：

>在宁胡尔萨格身上,他使"内心之水"喷薄而出,
>
>她接受了"内心之水",恩基之水,
>
>一天成为她的一个月,
>
>两天成为她的两个月,
>
>三天成为她的三个月,
>
>四天成为她的四个月,
>
>五天(成为她的五个月),
>
>六天(成为她的六个月),
>
>七天(成为她的七个月),
>
>八天(成为她的八个月),
>
>九天成为她的九个月,"女人"之月,
>
>像……丰腴,像……丰腴,像优等黄油,
>
>宁图,大地的母亲,像……丰腴(像……丰腴,像优等黄油),
>
>生出了宁飒。

接下来,宁飒从她的父亲恩基那里受孕,九个妊娠天之后生出了女神宁库尔(Ninkur)。宁库尔也因恩基受孕,最后生下了植物女神乌忒图。这位植物女神现在出现在她的曾祖母宁胡尔萨格面前,宁胡尔萨格向乌忒图提出了自己的建议,那是关于植物女神在未来同恩基的关系的。段落到此碎裂了,没碎的有很多,可是我还不能理解。但无论什么建议,乌忒图严格照做了。结果她也因恩基受孕,八种不同的植物诞生了。但是,恩基吃掉了它们:

>恩基,在沼泽地,在沼泽地,伸展躺开,
>
>他对他的使者伊斯穆德(Isimud)说:
>
>"这(植物)是什么,这(植物)是什么?"
>
>他的使者,伊斯穆德,回答道:

图 13　恩基与宁胡尔萨格：水神事件

  这是一块泥版（4561，出土于尼普尔，收藏于大学博物馆）的照片，它由斯蒂芬·朗顿在 25 年前出版，当时题为《人类的毁灭、大洪水、天堂的苏美尔史诗》。[55] 在其出版的时代，苏美尔语法和词典编纂相对还没有取得科学的进展，这一复杂史诗的内容很大程度上被误解了。对于史诗的翻译，作者很大程度上主要是进行了语言学上的更为科学的探讨，这是其结果。当然，1930 年亨利·德·格努伊莱克（Henri de Genouillac）出版了现藏于卢浮宫的一件泥版复制品[56]，这也对作者有相当大的帮助。第二栏所包括的段落最后 14 行，命名为"女神的诞生"也并不是不恰当的；翻译与注音，请看第 070 页（从"在宁胡尔萨格身上"到"生出了宁飒"）及第五章中注释 [57][57]。

第二章　起源神话 | 071

"我的王，这是'树'。"

他为恩基切断了它，恩基把它吃掉了。

恩基："这是什么，这是什么？"

伊斯穆德："我的王，这是'蜜草'。"

他为恩基撕碎了它，恩基把它吃掉了。

就这样，恩基吃掉了全部八种植物。还记得吧，宁胡尔萨格实际上同这些植物的创造有关，因此，她诅咒恩基。[58]诅咒的内容如下：

直到你死，我都不会用"生命之眼"看你。

说出这样的诅咒之后，宁胡尔萨格消失了。诸神十分懊恼，他们"坐在灰尘之中"。狐狸上前对恩利尔说：

如果我把宁胡尔萨格带到你面前，你会给我什么奖赏？

恩利尔许诺给狐狸应有的奖励，狐狸成功地把宁胡尔萨格带了回来。至于他是如何完成这一任务的并不清楚，文本的这部分碎裂了，保留下来的大部分也是难解的。于是，宁胡尔萨格将施加在恩基身上的咒语移除了，她是通过为恩基每一处的痛苦产生一位特殊的神灵办到的。诗行大致如下：

宁胡尔萨格："我的兄弟，你哪里痛？"

恩基："我的……折磨着我。"

宁胡尔萨格："我为你产生神阿布（Abu）。"

宁胡尔萨格："我的兄弟，你哪里痛？"

恩基："我的臀部刺痛。"

宁胡尔萨格："我为你产生神宁图尔（Nintul）。"

宁胡尔萨格："我的兄弟，你哪里痛？"
恩基："我的牙痛。"
宁胡尔萨格："我为你产生女神宁苏图（Ninsutu）。"

宁胡尔萨格："我的兄弟，你哪里痛？"
恩基："我的嘴疼痛。"
宁胡尔萨格："我为你产生女神宁卡西（Ninkasi）。"

宁胡尔萨格："我的兄弟，你哪里痛？"
恩基："我的……疼痛。"
宁胡尔萨格："我为你产生神那兹（Nazi）。"

宁胡尔萨格："我的兄弟，你哪里疼？"
恩基："我的肋部疼。"
宁胡尔萨格："我给你产生女神达兹姆阿（Dazimua）。"

宁胡尔萨格："我的兄弟，你哪里疼？"
恩基："我的肋骨疼。"
宁胡尔萨格："我给你产生女神宁提（Ninti）。"

宁胡尔萨格："我的兄弟，你哪里疼？"

恩基:"我的……疼。"

宁胡尔萨格:"我为你产生神恩沙伽格(Enshagag)。"

宁胡尔萨格:"我为你产生小家伙们。"

恩基:"让阿布做植物之王,

让宁图尔做玛甘(Magan)之主,

让宁苏图嫁给尼纳祖(Ninazu),

让宁卡西做内心满足(之女神),

让那兹嫁给宁达(Nindar),

让达兹姆阿嫁给宁吉施兹达(Ningishzida),

让宁提做月之女王,

让恩沙伽格做迪尔蒙之主。"

啊,父神恩基,赞美您!

这样,读者会注意,突袭恩基的八种痛楚是对他吃掉八种植物的惩罚,又由宁胡尔萨格以治病为目的生产八个神明治愈。在这个神话的结束段落中暗示出观念的直白与单调的人为加工,尽管在英译中没有体现,但是在苏美尔原文中表现得很明显。事实上,在"进行治疗"的每一个神明与被期待治愈的痛楚之间的实际关系仅仅是口头与名义上的;这一关系自身表明,仅仅因为神明的名字听起来与病痛的身体部位的发音相近,神话的作者在努力引起二者的联系,而实际上,它们之间并没有有机的联系。

恩基与苏美尔：大地的组织与其文明化的过程[q]

这个作品[59]为我们提供了水神恩基活动的详细说明，这位苏美尔的智慧之神的活动包括赋予大地生机以及在其上确立法则与秩序。诗歌的第一部分，大约有100行，其重构的内容相当散碎。在诗歌开始模糊的地方，恩基正在判定苏美尔地区的命运：

啊，苏美尔，伟大的土地，宇宙的土地，

要有不变的光亮，从日出到日落，人们都要顺从神的天命，

你的判决是尊贵的天命，无法触及，

你的内心深不可测，

你的……就像天空不可触碰。

王，用永恒的珠宝装饰自己，

主人，在头上戴上冠冕，

你的主人是一位光荣之主；与安同在，王，他端坐在天堂圣殿，

你的王是伟大的大山，父神恩利尔，

就像……所有土地的父亲。

恩努纳济，伟大的诸神，

在你的中间，有他们的居所，

在你的大森林，他们吃着（他们的）食物。

啊，苏美尔的宫殿，你的牛圈是多的，你的牛群众多，

你的羊圈是多的，你的绵羊无数，

你的可以……站在，

你的坚定的可以……向天堂举手，

恩努纳济可以在你的中间审判命运。

然后恩基去了乌尔——在诗歌被写就的时代里，那里无疑是苏美尔的都城——判定它的命运。

他来到乌尔，

恩基，深渊之王，判决命运：

"啊，城市，供给充足，清水环绕，牛圈坚实，

丰裕之地的圣殿，蜿蜒开放，像'大山'一样葱绿，

哈舒尔森林（Hashur-forest），阴凉宽广……英勇的，他已经指向你的完美的判定，

大山，恩利尔，宇宙中已经传遍你尊贵的名字；

啊，你的城市，它的命运由恩基决断，

啊，你的神殿乌尔，你可以升起，连接到天堂。"

然后恩基又到了"黑色的大山"麦鲁哈（Meluhha）——可能被认为是非洲东岸。显然，恩基几乎是同对待苏美尔一样亲切地对这片土地进行命运安排。他祝福它的树与芦苇，它的牛群与鸟群，它的黄金白银，它的青铜黄铜，它的人们。恩基又从麦鲁哈去底格里斯河与幼发拉底河。他使闪光的水充盈河床，并任命神恩比鲁鲁（Enbilulu）为两条河流的"掌管者"。随后，恩基又使河中满是活鱼，他让一位在诗中被描述为"凯什之子"（son of Kesh）的神灵来管理它们。接下来他来到了大海（波斯湾），建立了自己的统治，并任命女神希拉拉（Sirara）负责管理。

现在，恩基召唤大风并且给它们委任了神伊士库尔（Ishkur），他已经负责掌管"天堂之'心'的银锁钥"。接下来，在列表中出现的是犁与轭、田地与植物：

图 14 水神恩基

在公元前第三千纪的后半叶，水神恩基在苏美尔神话与宗教中扮演了突出的角色。此图给出了其活动路线的一个图解。最上面的一幅描绘了伴随着水流、游鱼和可以被播种的植物，恩基独自乘船在埃利都的沼泽水路旅行。第二幅图有四位神正在走近端坐的恩基，第二个扛着一把犁。第三幅图描绘了恩基坐着审判。他的使者，双面伊斯穆德，后面跟着一位扛着一种植物的神；后者后面也跟着一位神，这位神用绳把一根权杖背在肩上，被控告的鸟人（bird-man）被绑缚在其脚边。最下面的一幅描绘了同一场景的另一个版本。恩基端坐审判，伊斯穆德在他面前带着被控告的鸟人，其后跟着另外一位神与一位崇拜者。

［经麦克米伦公司允许复制，引自亨利·法兰克福（Henri Frankfort）：《滚印》（*Cylinder Seals*，伦敦，1939），图 XXf，XXIe 和 XXXIIId，f。］

他管理犁与轭，

伟大的王子恩基让……牛……

他鼓起大风荡涤作物尘埃，

在坚实的田野中，他令谷物生长；

主人，平原的宝石与装饰，

恩利尔的农夫……

恩启姆都（Enkimdu），运河与沟渠的他，

恩基掌管它们。

主人召集坚定的田野，他使它打出更多的食粮，

恩基令它展示出其大小豆类……

他给谷仓堆起粮食，

恩基不断填充粮仓，

在田中，伴随恩利尔，他不断增产；

她的头是她……其脸是……

女士，这片土地的……力量，坚实地支持着黑头人，

阿什南，所有事物的力量，

恩基在掌控。

恩基现在转向镐头与砖块，任命砖神卡布塔（Kabta）负责。然后他指引建筑工具古辊（gugun），打下地基建造房屋，又将它们置于穆施达玛（Mushdamma）的管理之下，穆施达玛就是"恩利尔伟大的建筑者"。随后恩基用植物与动物使平原生机盎然，任命"'大山'之王"苏姆甘（Sumugan）负责。最后，恩基建筑了牛栏与羊圈，使牛和羊生产无尽的奶与油，让牧神杜姆兹（Dumuzi）照顾它们。文本剩余的部分被破坏了，我们无法得知诗篇结尾如何。

恩基与埃利都：水神赴尼普尔的旅程[1]

埃利都是苏美尔古老并受尊崇的城市之一，它的位置就在今天的阿布－沙赫里恩（Abu-Shahrain），如今已经掩埋于土堆之下。对这一重要遗址彻底发掘，将很可能极大地丰富我们关于苏美尔文化与文明的知识，尤其对了解苏美尔人的精神层面十分重要。根据苏美尔的传统，这座苏美尔最古老的城市，是大洪水之前即已经建立的五城之一；换言之，这个神话也暗示着尼普尔的年代要早于埃利都。埃利都的位置在古时候一定位于波斯湾，水神恩基也作为努迪穆德（Nudimmud）为人们所知，他建了他的"海洋之宫"[60]：

在创造之水的命运已经被判定之后，
在赫加尔（hegal，丰裕）之名出现在天堂之后，
植物与药草覆盖了大地，
深渊的主人，王者恩基，
恩基，是审判命运之主，
建起他的白银与青金石之宫；
神宫的白银与青金石熠熠生辉，
父神在深渊中造出。

明亮的面容与智慧（的特征），从深渊里升起，
矗立在主人努迪穆德之旁；
建立完美之神宫，他用青金石装饰，
他用黄金装饰，
在埃利都，他建起了水岸之宫，
建造神宫时，（他）发出话语，给出建议，

它的……就像公牛咆哮，

恩基之宫，神谕发出（之地）。

后面的一个长段描述伊斯穆德——恩基的使者——为"海洋之宫"唱赞歌。随后恩基从深渊中将埃利都升起，让它漂浮在海上，就像一座高耸的大山。在果实累累的葱葱果园中，他又安排了鸟类；那里也盛产鱼类。恩基现在准备乘舟前赴尼普尔，去求得恩利尔对他的新建之城与神庙的祝福，所以，他从深渊中升起：

当恩基升起，鱼……升起，

深渊出于惊叹之中，

海洋中充满了欢悦，

敬畏出于无形，

惶恐握紧兴奋的河流，

幼发拉底，南风在波浪中升起。

恩基自己坐在船上，先是来到了埃利都。在这里，他先屠宰了许多牛羊。然后起程去尼普尔，他直接到了那里。当到达时，他为诸神准备了各种饮品，尤其给恩利尔准备好饮品。

恩基在尼普尔的神殿中，

给他的父亲恩利尔面包吃，

首先安（天空之神）落座，

接着是恩利尔，

宁图紧随坐在"身侧"，

恩努纳济一个接一个就座。

神宴一直持续到他们变得愉悦，恩利尔准备宣布他的祝福，他对恩努纳济说：

喂，站在那里的伟大的诸神们，

我的儿子已经建造了一座宫殿,王恩基;
埃利都,像一座大山,他从地面上使之升起,
在一处好地方,他建造了它。

埃利都,整洁的地方,没人可以进入,
那宫殿用白银建造,用青金石装饰,
那宫殿由七首"七弦琴歌"指引,施以咒语,
伴随着纯净的歌……
深渊,恩基之善的圣殿,匹配神圣的天命,
埃利都,纯洁的宫殿已经被建造,
哦,恩基,赞美(你)!

印南娜与恩基：文明之艺从埃利都到乌鲁克的传播

图 15　　　　　　　　　图 16

印南娜与恩基：文明之艺从埃利都到乌鲁克的传播

图15是一块大的六面体泥版（15283，出土于尼普尔，收藏于大学博物馆）的正面，由波贝尔在1914年出版[61]，其左上部已经断裂了。图16展示了三块属于同一首诗的碎片。大的碎片（13571，出土于尼普尔，收藏于大学博物馆）由梅尔曼（Myhrman）在1911年出版。[62]在最大的碎片下面，左边是一块小碎片（4151，出土于尼普尔，收藏于古代东方博物馆）[63]的正面与背面，它由作者复制于伊斯坦布尔，迄今未被出版。很有可能，它是图15所示的费城泥版的脱离部分。右边的是另外一块小碎片（2724，出土于尼普尔，收藏于古代东方博物馆）[64]，由作者复制，迄今尚未出版。实际上，小的这一块被证明是可以有效补充从而串联起这个故事的工具。通过这一段落前8行的翻译与注音，可以看到恩基向女神印南娜展示文明之艺，见第085—086页（从"啊，我的力量之名"到"纯洁的印南娜带走了它们"）与注释[65][65]。

该文献另一重要的诗行如下[66]：

"啊，我的力量之名，啊，我的力量之名，

给聪明的印南娜，我的女儿，我将赠予……

木活、金属加工、书写、工具制造、制革……建筑、编篮之艺。"

纯洁的印南娜接受了它们。

这个宏伟的神话有其独具魅力的故事，其中就包括天空女神印南娜，还有智慧之神恩基。其内容对于研究文明进程与历史具有深刻的意义，因为它包括一份表单，上面有一百多个神圣的天命（divine decrees），根据对多少有些直白的苏美尔书匠与思想家的分析，掌控了这些文化成就，就可以组成苏美尔文明的经纬。早在1911年，收藏在费城大学博物馆的一块属于这个神话的残片由大卫·W.梅尔曼（David W. Myhrman）出版。[62]

三年后，阿诺·波贝尔（Arno Poebel）出版了另一块刻写有这一作品的费城泥版[61]，这一块是大的、保存很好的六栏泥版，其上部左角破损了。很幸运，我在1937年发现了这损坏掉的一角，也就是23年后，我在伊斯坦布尔的古代东方博物馆发现了它。[63]早在1914年，这个神话的大部分已经得到复制与出版。可是，这些年还没有人尝试对其进行翻译，因为这故事看起来好像无法联系起来；能够辨认出来的，看起来也缺少理智的动机。1937年，我在伊斯坦布尔确定和复制了一小块[64]，这就提供了缺失的线索。结果，这个故事中具有丰富的人文性的苏美尔诸神现今能够被描述出来了。[67]

印南娜，天空女神，乌鲁克的保护神，急于增加这座城市的福利与繁荣，使它成为苏美尔文明的核心，以提升她自己的名望。因此，她决定去埃利都——苏美尔的古老文化之所在。在那里，智慧之神恩基"知晓所有神的心"，他居住在他的水域深渊——阿布祖。因为恩基掌控所有神圣的命令，而这些都是建立文明的基础，如果她能够获得它们，即便不择手段，把它们带回自己所爱的城市乌鲁克，那么城市与她自己的荣光将是不可超越的。当她接近埃利都的阿布祖时，她的魅力使恩基毫无戒心地接待了她，并叫来使者伊斯穆德，对他说：

来，我的使者，伊斯穆德，听我的吩咐，

记住我告诉你的每一句话。

这个少女，独自直接来到了阿布祖，

印南娜，独自直接来到了阿布祖，

已经进入埃利都的阿布祖的女子，

印南娜已经进入埃利都的阿布祖，

给她食用涂奶油的大麦饼，

用纯凉的净水给她冲洗，使她精神焕发，

给她饮用盛在"狮面"中的枣椰酒，

……为她……让她……

在干净的桌边，天堂的桌子，

对印南娜说出问候之语。

伊斯穆德按主人的指示执行，印南娜与恩基坐下宴饮。酒过三巡，他们都很愉悦。

"啊，我的力量之名，啊，我的力量之名，

给纯洁的印南娜，我的女儿，我将赠予……

支配权……权，神力，尊贵与永久的圣冠，王权的宝座。"

纯洁的印南娜拿走了它们。

"啊，我的神力之名，啊，我的神力之名，

给纯洁的印南娜，我的女儿，我将赠予……

尊贵的节杖，王杖，高贵的圣殿，牧羊权，王权。"

纯洁的印南娜带走了它们。

他分几次赠予了一百多个天命，这是苏美尔文明的文化模本的基石。确切地说，在20世纪的早期，这一神话才被认识到是公元前2000年刻写下的。毫不夸张地说，在埃及文明之外，还没有任何文明在年代与质量上可以同苏美尔的发展相比较。在这些天命中，恩基赠予印南娜的涉及领主权、神权、高贵与不朽的皇冠、王权宝座、高贵的权杖、高贵的神殿、牧羊权、王权、无数的僧侣处所、真理、自由往返冥府、"标准"、"天堂的圣役"、音乐、长老之位、英雄气概、力量、敌意、坦率、城市的破坏与哀悼、心的喜悦、谎言、背叛的土地、善与正义、木匠之艺、金属匠、书匠、铁匠、皮匠、泥瓦匠、编篮工、智慧与理解、净化、敬畏与高呼、引燃的火焰和强烈的火焰、疲劳、胜利的呼喊、商讨、烦乱的心、判断与决定、健康、乐器。

印南娜十分兴奋地接受了酒醉的恩基赠给她的这些礼物。她把它们装上她的"天空之舟"，带着这些珍贵的礼物匆忙离开，赶往乌鲁克。但是当宴会酒醉的影响逐渐消失后，恩基发现天命已经不在其应在的地方了。他问伊斯穆德，后者告知他，是恩基自己把它们赠给了女儿印南娜。烦乱的恩基十分后悔他的慷慨赠予，决定不计代价在"天空之舟"到达乌鲁克前阻止它。他派信使伊斯穆德带着一群海怪去追印南娜和她的船。追到在埃利都的阿布祖和乌鲁克之间七个必经之处的第一处，海怪要从印南娜那里夺取"天空之舟"；然而，这无法阻止印南娜本人徒步继续返回乌鲁克的旅程。这一段包括恩基对伊斯穆德的指示和伊斯穆德与印南娜的对话，她责备其父恩基是一个"送人东西又索还的人"，这无疑作为一首经典诗歌的精华被传了下来。具体如下：

天父之子召来他的使者伊斯穆德，

恩基对"天堂的美名"给出了口令：

"哦，我的使者伊斯穆德，'我的天堂的美名'。"

"哦，我的王恩基，我在这，永远赞美您。"

"'天空之舟'现在已经到哪儿了？"

"它已经到达了伊达尔（Idal）码头。"

"去，让海怪从她那里夺取它。"

伊斯穆德遵命去做，赶上了"天空之舟"，并对印南娜说：

 哦，我的女王，你的父亲派我来找你，

 哦，印南娜，你的父亲派我来找你，

 你的父亲，高贵地发布命令，

 恩基，高贵地说出话，

 他的伟大的指令不可被忽略。

接下来：

圣印南娜回答他：

"我的父亲，他对你说什么了，他对你说什么了？

他的伟大的不可违逆的指令，它们是什么？"

"我的王对我说，

恩基对我说：

'让印南娜回乌鲁克，

而你给我把天空之舟带回埃利都。'"

圣印南娜对使者伊斯穆德说：
"我的父亲，为何宣布改变他已经给我的承诺，
为何他打破他给我的正义的誓言，
为何他违背了他给我的伟大誓言？
我的父亲对我说了假话，对我说了假话，
他虚伪地以他的力量之名发出誓言，以阿布祖的名义。"

她刚刚说出这些话，
海怪们就夺取了"天空之舟"。
印南娜对她的使者宁舒布尔（Ninshubur）说：
"来，我的真正的伊纳（Eanna）的使者，
我赞许之言的使者，
我真正之言的传达者，
谁的手从不颤抖，谁的脚从不颤抖，
解救'天空之舟'，印南娜被赠予的天命。"

　　这位宁舒布尔照做。可是恩基坚持不改，他派伊斯穆德带着各种海怪，在埃利都到乌鲁克之间七个停靠点的每一处去夺取"天空之舟"。每次，宁舒布尔都对印南娜进行成功的营救。最后印南娜和她的船安全地抵达了乌鲁克，居民们热烈欢迎并举行欢宴，她卸下了天命，每次一件。诗歌以恩基对印南娜的一个演说结束，但是以下文本破损严重，很不清晰，是否妥协或者进行报复，都不得而知了。

人类的创造[s]

叙述人的创造的作品被发现刻写在两块复制的泥版上：一块是尼普尔泥版，保存在大学博物馆；另一块在卢浮宫，从一个古董商那里获得。尽管到1934年，卢浮宫泥版和大部分的大学博物馆泥版已经得到了复制和出版[68]，但是，内容还是令人不解的。造成这一局面的主要原因是大学博物馆泥版比卢浮宫的泥版保存得要好，卢浮宫的泥版在四五十年前抵达费城，碎成了四块。到1919年，其中的两块已经被识别并接合在一起；这些被斯蒂芬·朗顿复制并出版[69]。1934年，爱德华·切拉出版了第三块[70]，但是没能释读。已经出版的三块和仍未出版的第四块[71]事实上被放到一起识别，这使我能够按照合理的顺序安排其内容。这里要强调的是，组成这一诗歌文本的约有150行仍然呈现出众多关键的破损，许多行保存不善[72]。而且，在这一作品中，语言上的困难是尤其繁重的，相当多的苏美尔语关键词在这里是第一次遇到。因此翻译存在许多缺口，其暂时性必须要强调。然而，它也确实提供了一幅最完整的画面，凭此可以了解迄今所能得到的在公元前第三千纪苏美尔造人的相关观念。

已知的最古老的造人观念来自希伯来与古巴比伦；前者由《创世记》讲述，后者来源于巴比伦"创造史诗"。根据《圣经》故事，或者至少根据其中的一个版本，人类形成于泥土，是为管理所有动物而被造出来的。在巴比伦神话中，人类是由诸神中一位棘手的神明的鲜血造出的，为了造人，该神被杀死了。

起初，人类被创造是为了服务于神，使神从生产面包的劳动中脱离出来。根据苏美尔诗歌——它比希伯来和巴比伦的造人版本还要早1000年——人类是泥土形成的，这与《圣经》版本一致。造人的目的是使神从他们的生计劳作中摆脱出来，这又与巴比伦版本相同。

图 17　　　　　　　　　图 18

人类的创造

这两幅图展示了同一块泥版。图 17 上的泥版，是三块分离的碎片（13396，11327，2168"接合"前，出土于尼普尔，收藏于大学博物馆）。实际上，泥版到达费城后分成了四块。图 17 最下面的一块由两块碎片组成，1919 年以前，两块碎片在大学博物馆被接合到了一起，朗顿出版了它。[69]最上面大的一块被切拉在 1934 年出版[70]。另一块迄今尚未出版[71]。图 18 展示了一整块泥版，即接合了全部的碎片。第一栏的下部包括了第一块，有部分内容是水神恩基指导他的母亲纳姆（生产了天空与大地的女神）如何造人。翻译与注音见第 091 页（从"啊，我的母亲"到"……人类……"）与注释 [73][73]。

090 ｜ 苏美尔神话

诗歌开始，描绘了神获取他们的面包的困难，轻松得到食物在女性神出现以后尤其被期待。神们抱怨着，可是恩基——水神，苏美尔的智慧之神，可以指望来帮助他们的神——正在睡大觉，不理他们的抱怨。因此，恩基的母亲原初瀛海，"生育了所有神灵的母亲"，带着诸神的泪水来到恩基的面前说道：

啊，我的儿，从你的床上起来吧，从你的……用你的智慧

工作，

造出神的仆人，他们可以为神生产。

恩基思考了这个问题，召来许多"好的与高贵的创造者"，并对他的母亲原初瀛海纳姆说：

啊，我的母亲，生物，你提起操作之名，它是存在的，

绑定它……诸神的；

混合取自深渊之上的泥土之心，

优秀的与高贵的创造者将使泥土变厚，

由你制作肢体；

宁马赫（大母神）将在你之上工作，

……（生育女神）将在你的旁边进行加工；

啊，我的母亲，你判给它（新生者）应有的命运，

宁马赫将绑定它，诸神的……

……人类……

之后是几个碎裂行，如果其内容得到恢复，应该是详细地阐明造人的过程的。

接着诗歌描述了一次宴会，这是由恩基安排给诸神的，无疑是为了纪念人类的创造。在宴会上，恩基与宁马赫喝了很多酒，有些语无伦次。宁马赫拿一些取自深渊之上的泥做成了六种不同的个体，恩基判定他们的命运并且给他们面包吃。只有最后两类的特点是模糊难辨的，这些是

不孕的女人和中性人。如下：

……她（宁马赫）做成了一个不能生育的女人。

恩基在上边看到了这个不能生育的女人，

判定她的命运，让她去"女人之屋"就职。

……她（宁马赫）造出了一个没有性别器官的人。

恩基在上边看得清楚，既没有男根也没有女阴，

站在王的面前，听候命运的判定。

宁马赫造出这六种类型的人之后，恩基决定自己创造一些。至于采取什么样的办法无法弄清，可是无论他是怎样做的，结果是造物失败：这个东西十分虚弱，不论在精神还是肉体上。恩基现在焦虑起来，渴望宁马赫帮助这个虚弱的造物，所以，他对她说出如下的话：

你的手已经把他塑造出来，我判定命运，

给他面包吃；

我的手已经把他塑造出来，你判定命运，

由你给他面包吃。

宁马赫试图善待这一造物，但是徒劳。她对他说，可是他不能回答。她给他面包吃，可是他不能伸手去拿。他既不能坐也不能站，还不能屈膝。接下来，在恩基与宁马赫之间进行了一次长谈，但是这里泥板被严重损坏了，无法知道其内容。最后，宁马赫似乎对恩基发出了诅咒，因为他造出了这个病弱、无生命的造物，恩基看来接受了这应得的咒骂。

除了上面概述的创造诗歌外，在神话《牛与谷物》的导引部分，还详细描述了这种创造人类的目的，如下面所录。天神们恩努纳济出生之后，在牛神拉巴与谷物女神阿什南被创造之前，既不存在牛也没有谷物。诸神不知穿衣也不知食用面包。牛神拉巴与谷物女神阿什南后来在天堂的创造室中被创造了出来，但是诸神仍然感到不满足。然后，为了管理羊圈的事

务与满足诸神的美味要求，人类被创造了出来。这一导引段如下：

在天与地的大山之上，
安（天空之神）带来了恩努纳济（其追随者）的诞生，
因为阿什南之名还没有产生，还没有被创造，
因为乌忒图还没有被创造，
因为乌忒图的圣域（temenos）还未建立，
没有母绵羊，就没有羔羊降生，
没有山羊，就没有小羊降生，
母绵羊不会生产其两个羔羊，
山羊不会生产其三个小羊。

因为阿什南之名，智慧，与拉巴，
恩努纳济，伟大的诸神，还不知晓，
……三十天的谷物不存在，
……四十天的谷物不存在，
小谷物，大山的谷物，鲜活造物的谷物不存在。

因为乌忒图还未降生，因为（植物的?）花冠还没有升起，
因为主……没有降生，
因为苏姆甘，平原之神，还没有出现，
像人类最初创造之时，
他们（恩努纳济）不知道食用面包，
不知道穿衣蔽体，
像羊一样用他们的嘴咀嚼食物，
从沟渠中饮水。

> 在那些日子里，在诸神的创造室中，
>
> 在他们的屋子杜尔库格中，拉巴与阿什南被创造；
>
> 拉巴与阿什南生产，
>
> 杜尔库格的恩努纳济吃，但是不满足；
>
> 在他们干净的羊圈中挤奶……还有美食，
>
> 杜尔库格的恩努纳济喝，但是不满足；
>
> 为了美食之故，在他们的干净的羊圈中，
>
> 人类被给予了呼吸。

人类的创造使我们的苏美尔宇宙演化研究可以得出结论，其中包括苏美尔人所解释的宇宙起源与诸神、人类的存在的观念和理论。苏美尔人的宇宙演化观念，绝不原始，尽管他们的存在年代是如此之早。这一点还不能得到充分重视。在沉思自然的力量与其自身存在的特性之时，他们反映了思考着的苏美尔人的理性与成熟的思维。当这些观念被分析，当神学的外衣与多神的表象被剥离（尽管这在目前绝不可能，因为材料的有限性特征，以及我们对其内容的理解和解释都有限制），苏美尔人创造的概念暗示了某种敏锐观察的精神，还有他们具有从所获得的材料中提取与得出相关结论的能力。因此，若对其加以理性的表达，苏美尔人的宇宙演化观念可以概括如下：

1. 首先是原初瀛海；苏美尔人很可能将其想象为永恒的和自存的。
2. 原初瀛海形成了一个天空与大地的合体。
3. 天空与大地被想象为一种固体元素。在它们中间，气态元素大气的主要特征是膨胀。天空与大地被膨胀的空气元素所分开。
4. 空气远不及天空或大地浓厚，接着产生了月亮，它可能被苏美尔人想象为由同空气一样的物质构成。太阳被想象为月亮生育的；它由月亮发展而来，就像月亮由大气发展而来一样。
5. 天空与大地被分开之后，植物、动物和人类才可能出现在大地上；

所有的生命看起来都是空气、土地和水联合的结果，可能也包括太阳。遗憾的是，关于这种生产的事件，以及大地上植物与动物生命的复制，我们现存的材料不足，很难更进一步得出结论。

若转化成神学的语言，这些理性化的苏美尔观念可以作如下叙述：

1. 首先是女神纳姆，原初瀛海的人格化。
2. 女神纳姆生出了男性的天空之神安，还有大地女神基。
3. 安与基结合，产生了大气之神恩利尔，他分开了天父安与地母基。
4. 大气之神恩利尔，现在在绝对黑暗中确立了自己的生活。天空可能被苏美尔人想象为由漆黑的青金石组成，形成恩利尔宫殿的天花板与墙壁，而大地的表面是其宫殿的地板。他使月神南纳照亮黑暗的宫殿。月神南纳接着产生了太阳神乌图，他比他的父亲更加明亮。这里记述后代并不是没有意义的，这些被产生的后代往往变得比父辈更强大。对于近东的哲学与心理学而言，生产者——从一个更深的层面上讲，实际上，这就是在发展过程中所发生的，我们称之为进步——是本土的。例如，大气之神恩利尔，在历史时代中变得比其父天空之神安更为有力。在后来，闪族的巴比伦大神马尔杜克，变得比他的父亲水神恩基更加强大。在基督教的教条里，圣子基督在许多情况下更为重要，比起圣父上帝来，他的救赎及同人类的相关性都更有意义。
5. 大气之神恩利尔，现在和他的母亲大地女神基结合。此结合很大程度上是在水神恩基的帮助下完成的，这样，动植物的生命才能在地球上产生。另一方面，人类的产生看起来似乎结合了女神纳姆（原初瀛海）和被认为与大地女神基一致的女神宁马赫以及水神恩基的努力。这就是所涉及的特殊的结合。有理由相信，在这一时代或多或少的表面材料背后，应该有合理的逻辑，而不仅是好玩的幻想。当然，要以我们当前的材料与有限的理解去推测这背后的逻辑还很困难。

第三章　库尔的神话

苏美尔语词"库尔"（Kur）所表达的意义是辨别与解释起来最为困难的概念之一。它的一个基本原义是"大山"，这一点可以得到证明，因为它的象形文字就表现了一座大山。从"大山"的意义发展出了"外国的土地"之义，因为多山的国家在苏美尔边界常年威胁着苏美尔人。"库尔"一般也被用来表示土地的意思；苏美尔本身就被表述为"kur-gal"，即"伟大的土地"。

此外，苏美尔语中"库尔"也表示一种宇宙观念。所以在一定程度上，它看似与苏美尔语"ki-gal"（即"至下"，great below）一致。像 ki-gal 一样，"库尔"也有"冥府"（也称"地下世界"）的意思。确实，在诸如诗歌《印南娜下冥府》和《吉尔伽美什、恩启都与冥府》中，规律性地被用来表示"冥府"的词语就是库尔。按照宇宙法则构想，库尔是空洞的空间，位于地壳与原初瀛海之间。那些怪异恐怖的生物生活在"至下"之底部，"至下"直接位于原初之水上面，很可能把怪兽们也称为库尔。如果是这样，这种怪兽库尔将在一定程度上与巴比伦的提阿马特相一致。在四个"库尔的神话"中有三个，或者是这个，或者是那个包含了"库尔"这个词的宇宙层面的意义。

库尔的毁灭：屠龙记[t]

自巴比伦"创世史诗"呈现在学者与爱好者面前，到现在已经过去半个多世纪了，这一诗篇主要集中表现了诛戮提阿马特及其群龙的故事。诗篇用闪族语言阿卡德语刻写在泥版上，年代在公元前第一千纪——因此比苏美尔文献碑铭要晚1000多年——该内容在主要的神话学与宗教作品中都得到了引用，一般把其作为一个闪族人的神话创作（myth-making）的例子。但是，即便只是从表面上浏览它的内容，也会清晰地看出苏美尔的来源与影响，其主角的名字很大部分是苏美尔的。学者们对二者作任何有效的比较都明显有障碍，原因在于这样的事实，即包括屠龙神话在内的任何原初的苏美尔传说都不为人所知。现在三个清楚的苏美尔屠龙神话的内容已经呈现，能够完全实现这样的比较。其中两个几乎是完全无人见过的；在过去的几年中，它们的内容已经被我重构和释读。第三块在几十年前已经为人所知，但是伊斯坦布尔与费城的新材料相当大地补充了其内容，使之更为清楚。

显然，屠龙母题并没有限制在美索不达米亚的神话范围内。几乎所有民族与时代都有着他们的龙的故事。尤其在古希腊，这些传说，包括诸神与英雄都是数不胜数的。赫拉克勒斯与珀修斯可能是最著名的屠龙者，几乎没有一位古希腊英雄不杀掉龙。随着基督教的兴起，英雄的功绩转向了圣徒；圣乔治与龙的故事即为明证，还有无数而又无处不在的变体。每个地方、每个故事的人名与细节是不同的，但是至少一些事件回到了一个更为原初与集中的来源，那都是很接近的。因为屠龙主题是公元前第三千纪苏美尔神话的一个重要母题，假设古希腊与早期基督教屠龙神话的结构可以追溯到苏美尔的来源，这并非是不合理的。

如上所述，当前我们有了三个苏美尔公元前第三千纪的屠龙神话。第一个包括苏美尔水神恩基，与其平行，最接近的古希腊神是波塞冬。第二位英雄是宁努尔塔，他是巴比伦主神马尔杜克的原型，马尔杜克在巴比伦的"创世史诗"中扮演"诸神的英雄"的角色。第三位就是印南娜，闪族女神伊什塔尔的对应者，她担当的是领导的角色。在三个故事中，要被诛杀的怪物都叫库尔。其确切的形状与外形还不清楚，但是在前两个故事中有所暗示，它被想象成一条大蛇，生活在"至下"之底，这可以同原初之水联系起来。至少，根据这些故事中的一个，当库尔被毁灭时，这些水升到了大地的表面，在其上耕作，培育蔬菜成为可能。

三个屠龙故事中有一个看起来更为古老，故事的细节虽然不详细，但是意义重大且有导引性。首先，在神与库尔之间的战争看起来发生在天地初分不久之后。其次，所包括的罪行可能是对一位女神的诱拐，它可以让人联想起古希腊珀耳塞福涅遭绑架的故事。最后，水神兼"智慧之神"恩基，苏美尔的统治与创造神之一，是这个故事的主角。

遗憾的是，我们只存有一个非常简单的片段来重构这一故事；泥版上刻写的神话的细节无疑还躺在苏美尔的废墟中。我们所有的是史诗传说《吉尔伽美什、恩启都与冥府》中介绍性的序言部分，其内容已经在前面描述过了。简而言之，这一泥版上的故事内容如下。

天空与大地被分开之后，天空之神安得到了天，而大气之神恩利尔得到了大地。然后，邪恶的行为出现了。女神埃里什基加尔被暴力带进了冥府，或许就是库尔亲自干的。水神恩基，他的苏美尔出身还不确定，但是他在公元前第三千纪末的时候逐渐成为苏美尔万神殿中最重要的神明之一，他乘船出发，倾力向库尔发起了进攻以报复女神埃里什基加尔被诱拐。库尔用各种石头残酷地还击，包括大的和小的石头。它还攻击恩基的船，从船头到船尾，带着原初之水——那也无疑由它操控着。到这儿，简洁的序言段就结束了，因为《吉尔伽美什、恩启都与冥府》没有把注意力放在龙的故事上面，而是关心吉尔伽美什传说的继续发展。因此，我们好像那场战斗的结果一样被丢到了黑暗之中。可是，不用怀疑恩基获得了胜利。确实，在很大程度上，此神话是为了解释以下问题而被讲述的，即在历史时代，恩基，为什么被构想成一位海神，就像古希腊的波塞冬；为什么他被描绘成"深渊之主"；为什么他的神庙位于埃利都，被设计成"海洋之宫"。[74]

屠龙神话的第二个版本特别重要，因为它的大部分已经被巴比伦"创世史诗"的闪族编订者利用起来了。[74]故事是一个600多行的大史诗传说的一部分，即《宁努尔塔的功业与开拓》。其内容现在已经通过至少49块泥板残片大部分得到了重构。在过去的几十年里，其中的30块已经被多位学者复制和出版；文本的大部分被了解已经有一段时间了。[75]然而，由于有众多的碎裂和缺口，最重要的若干块还不能找到适当的安排。这样的局面也被降低到相当的程度，因为我在伊斯坦布尔和费城发现了超过20块属于这一诗篇的其他残片，这样，虽然文本仍然在许多关键点上有严重的破损，但内容作为一个整体，在很大程度上可以确定被重构出来。[76]

宁努尔塔是传说中的英雄、战神，他被苏美尔人构想为大气之神恩利尔之子。在一个赞颂的段落之后，故事从沙鲁尔（Sharur）对宁努尔塔的致辞开始，沙鲁尔是宁努尔塔的一件有生命的武器。出于一些迄今还没有在文本中陈说的理由，沙鲁尔决心对抗库尔。在它的演说中，充满了赞美宁努尔塔英雄品质和功绩的话语，它激励宁努尔塔攻击并毁灭库尔。宁努尔塔如它所说的开始行动。首先，看起来似乎遇到了他难以匹敌的对手，他"像一只鸟一样逃走"。又一次，沙鲁尔对他说出安慰和鼓励的话。宁努尔塔现在用他所能支配的所有武器猛烈地向库尔发起攻击，库尔被彻底击败了。

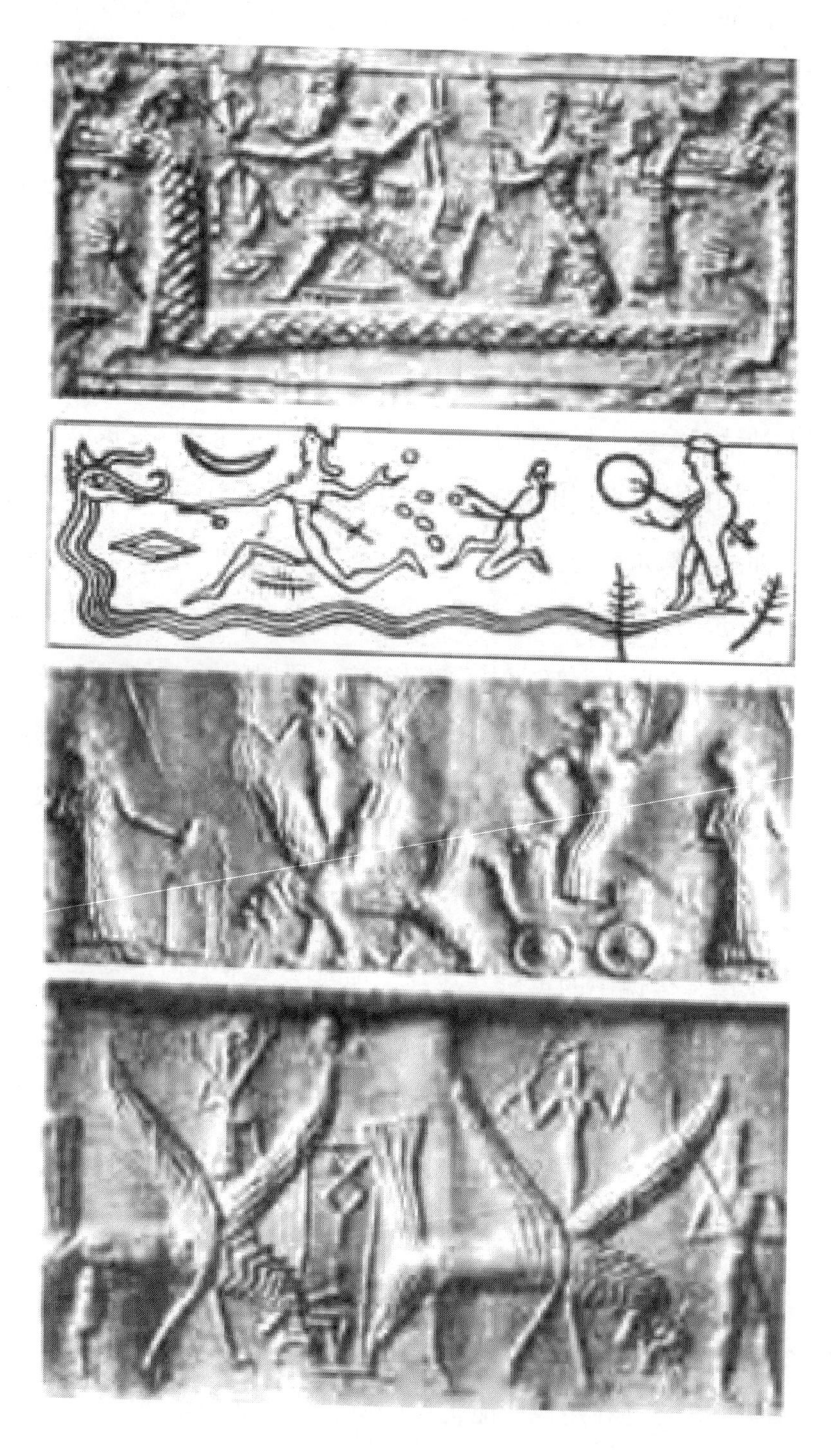

图 19　诸神与龙

第一幅与第二幅图描绘了一位神同一条类蛇的龙之间的战斗。可是，需要说明的是，两幅图都来自公元前第一千纪的滚印，是否描绘了宁努尔塔与库尔之间战争的苏美尔神话值得怀疑。第三幅图显示了一条翼上生火的龙牵引着一位神灵的战车，他可能在战斗中降服了龙；龙的双翼之间站着一位裸体的女神。同这一场景接近的是第四幅图，其中的神与女神分别骑在一条有翼飞龙的背上。

［第一幅与第二幅图得自 A. 杰里米阿斯（A. Jeremias）的 *Handbuch der altorientalischen Geisteskultur*（柏林与莱比锡，1929），第 431 页。第三幅与第四幅图经麦克米伦公司允许复制，引自亨利·法兰克福（Henri Frankfort）：《滚印》（*Cylinder Seals*，伦敦，1939），图 XXIIa, d。］

随着库尔的毁灭，一次严重的灾难突袭了大地。当初由库尔约束阻止其升上表面的原初之水肆虐横行，结果它们的暴行使得淡水不能到达田地与果园。地面上的诸神掌管着土地的灌溉，他们"扛着镐，提着篮子"，准备耕作，现在绝望了。底格里斯河水没有上涨，可是河里不再流有好水。

饥馑严重，万物无收，

小的河流得不到清理，污垢无法去除，

在坚实的土地上，没有水被喷洒，沟渠没人去挖掘，

所有土地都没有粮食，只有野草生长。

于是，主人坚定了他高尚的想法，

宁努尔塔，恩利尔之子，让伟大的事业开始。

他在死掉的库尔身上堆起了一堆石头，一直把它们堆成了一道大墙矗立在田地之前。这些石头阻止了"威力之水"，结果低地的水不再上升到大地表面。至于已经在田地中泛滥的大水，宁努尔塔聚集它们，让它们流入底格里斯河，然后能够用泛滥之水灌溉田地。引诗如下：

已经分散的，他聚集，

被库尔消散的，

他引导和投进底格里斯河，

高水位地倾斜而过农田。

看，现在大地上的每一事物，

享受欢愉，遥远的宁努尔塔，土地之王；

田地生产更多谷物，

棕榈林丰收，葡萄园果实丰硕，

都堆在谷仓与山丘；

主人让悲恸从土地上消失，

他补偿了诸神。

听到儿子伟大与英勇的事迹，宁努尔塔的母亲宁马赫——也被称作宁胡尔萨格、宁图，更为初始的或许是地母基——心中充满了对他的爱；她变得如此不平静，以至于不能在自己的卧室中入眠。她在远方向宁努尔塔提出一个要求，要他允许她去看他，并在他那里一饱眼福。宁努尔塔用"生命之眼"注视她，说：

啊，女神，因为你将来到一片外国的土地，

啊，宁马赫，因为我的缘故你将进入一个敌意之地，

因为你没有我周遭战争的可怕的敬畏，

因此，我，英雄已经堆起了山丘，

就让它叫胡尔萨格（大山），你是它的女王。

然后宁努尔塔祝福胡尔萨格（Hursag），它可以出产草药、酒、蜜、树、黄金、白银、青铜、牛羊以及其他"四腿生物"。对胡尔萨格祝福后，他转向石头，诅咒这些在战斗中被他的敌人库尔所用的家伙，又祝福那些已经成为他朋友的东西。这一整段在风格和语气上而非在内容上，是完全能够令人想起《创世记》第49章中雅各之子的诅咒与祝福的。诗歌以一个长长的赞颂宁努尔塔的赞美段结束。

屠龙神话的第三个版本是一首包括190行文本的诗，最合适的标题是《印南娜与艾比赫》。[77]尽管到1934年，这个故事[78]的八块碎片已经分别被爱德华·切拉与斯蒂芬·朗顿复制和出版，但人们对于这个神话还未理解，还有几块甚至没有被辨识出来是否属于这个故事。在过去的两年里，一次彻底的材料复检，其中包括四块迄今未知的[79]，两块来自伊斯坦布尔，两块来自费城，使我能够重构这一文本的主要部分。

在故事的这一版本中，屠龙者并不是一位男神而是女神，除了印南

第三章　库尔的神话　｜　103

娜没有别人，她是闪族神伊什塔尔的对应者。从我们的文献材料判断，看起来好似出于好奇，印南娜不但被构想为爱的女神，还被当作战争与不和女神。理由之一是她高深莫测的绰号，印南娜在赞美诗中被有规律地归于"库尔的毁灭者"，现在很清楚了。在我们的这个神话中，必须要说明，库尔也被称作"大山艾比赫"，是苏美尔东北部的地区。这个库尔因此表现为一块充满敌意的土地，同宁努尔塔与恩基版本中宇宙空间意义上的库尔并不一样。

诗歌以一个长的赞美段开始，赞颂印南娜的美德。接着是印南娜对安的演说，安是天空之神，至少是名义上的苏美尔万神殿的主神（实际上，到公元前第三千纪，大气之神恩利尔已经篡夺了他的位置）。她演说的意思很难理解，可印南娜的要求是清楚的；库尔看起来没有意识到或者至少忘记了她的权威与力量，除非它变得顺从，并且准备赞扬她的美德，否则，她将以强力对待这个怪兽。她的威胁引用如下：

　　我将向它投掷长矛，

　　投掷棍，武器，我都将投向它，

　　在它临近的森林中，我将燃起大火，

　　在它的……我将建造青铜之斧，

　　所有它的水，像吉比尔（Gibil 火神）精炼者，我将使之枯竭，

　　像大山阿拉塔（Aratta），我将移除其恐惧，

　　像一座被安诅咒的城市，它将不再恢复，

　　像一座被恩利尔反对的城市，它将不再升起。

安详细回答了库尔已经开始从事对抗诸神的危害：

　　对抗诸神站立的地方，它已经指引恐怖，

　　在恩努纳济就座的地方，它已经引发恐惧，

　　它令人畏惧的恐怖，它已经投向了大地，

"大山",它的令人畏惧燃起大火,它已经指引抗拒所有土地。

接着是对库尔的力量与财富的描写,安警告印南娜不要攻击它。但是印南娜不为安的令人气馁之言所迷惑。带着愤懑与怒火,她打开了"战斗之屋",并且开始动用她全部的武器与援手。她攻击并毁灭了库尔,亲自站到库尔之上,她作出了一首自命不凡的赞美歌。

印南娜下冥府[u]

我命名为《印南娜下冥府》的这一神话文本,在过去六年的时间里我已经重构与释读了。它对于文学与神话学的影响是广泛而深刻的。它的释读出来的故事提供了一个在有趣的过程中最有启发性的图解,这一过程还包括苏美尔文献作品的文本的重构。

许多年,几乎是一个世纪的四分之三的时间里,一个神话通常被指认为《伊什塔尔下冥府》,这在学者与爱好者中已经有共识。像巴比伦的"创世史诗",这首诗歌被发现刻写于阿卡德语的泥版上,时代是公元前第一千纪;这要比我们的苏美尔文献泥版晚了1000多年。像"创世史诗"一样,《伊什塔尔下冥府》也在一般意义上被认为是从闪族起源的;在关于神话与宗教的主要作品中对它的使用与引用,都将其作为一种显著的巴比伦创造神话的例子。

随着尼普尔材料复制本的出现,这一"闪族"的神话回到其苏美尔的起源开始逐渐变得显而易见,在苏美尔那里,伊什塔尔被印南娜所取代,印南娜就是伊什塔尔在苏美尔的对应者。现在芝加哥大学东方研究所的阿尔诺·波贝尔,首先在费城的大学博物馆里发现了属于这一神话的三小块泥版;这些在1914年被出版。[80]1914年,牛津大学的斯蒂芬·朗顿出版了他在伊斯坦布尔的古代东方博物馆中发现的两块泥版。[81]其中之一是一块大的四面柱形泥版的上半块，事情很快变得明显起来，其被证明是这一神话文本重构的最主要部分。后来爱德华·切拉又在大学博物馆里发现了另外三块。这些都在他的两卷遗作中，包括苏美尔文献文本的复件，我一并在1934年为东方研究所出版。[82]

这次，我们有了八块残片，涉及的都是这个神话。然而，内容还是模糊不清的，泥版中的碎裂十分多，也往往在故事的一些关键点上，以至于对这个神话的现存部分进行清晰的重构还不太可能。切拉扭转了这样的局面，他的发现是显著而幸运的。他在费城的大学博物馆中发现了同一块四面柱形泥版的下半部分，如前所述，其上半部分已经被朗顿几年前在伊斯坦布尔的古代东方博物馆发现并复制了。显然，在发掘前，泥版已经碎成了两半，一半留在了伊斯坦布尔，另一半被带到了费城。很遗憾，切拉虽然已经充分意识到这一发现的意义，但是在能够利用它出成果的时候，他去世了。

这块四面柱形泥版的下半段，无论其保存下来的质量有多么可怜，还是得到了充分的利用，使得我能够重构这个神话的内容。这两个半块泥版组合起来的文本提供了一个很好的框架，从所有现存相关的能够进行合适安排的残片来看都是如此。不必说，在这一文本中还有无数的残缺，使得对其的翻译与释读绝非易事，在这个故事中，还有几个至关重要的段落的意思仍然是模糊的。1937年在伊斯坦布尔的发现是足够幸运的，另外三块属于这个神话的残片出现了。[83]我在1939年回到了美国，在费城的大学博物馆找到了另外一大块，还有一块发现于1940年。[84]这些残片有助于补充我的第一次重构与翻译中的严重空白，结果，这个神话，就现状来说，几乎是完整的了。经过科学的编订，包括原文、注音与翻译，它已经被出版了。

图 20　印南娜下冥府

第三章　库尔的神话

这里 14 块泥版与残片提供了一个历史性的解说，重构与翻译了神话《印南娜下冥府》，近期由笔者出版。[85]图片排列的目的是展示将泥版与残片修补到一起的过程，以便利用其重构这一诗篇。1 号、2 号和 5 号由波贝尔在 1914 年出版。[80]3 号与 4 号由朗顿在 1914 年出版。[81]6 号，收藏于大学博物馆，被切拉将其作为下半部同上半部辨认了出来。切拉的发现使我能够在 1937 年出版这一神话的第一次重构。[86]7—9 号由切拉在 1934 年出版。[82]10—12 号由笔者本人五年前在伊斯坦布尔的古代东方博物馆辨识与复制。[83]13 号、14 号由笔者最近在费城辨识与出版。[84]这 5 块最新发现的文本的利用，使得这一完整版在 1942 年出版成为可能。8 号上标记的段落包括的行描写了印南娜决定下冥府；13 号包括的行描写了女神之死；10 号的背面（不在图中，图中只有正面）包括复活的段落。这三个最重要的段落的注音与翻译参见第五章中注释［87］[87]。

（这组图片在《美国哲学学会论文集》85 卷第 3 期的公报图片 1—10 中出现过。）

印南娜，天空女王，光与爱及生命女神，决心拜访冥府，或许是为了解救她的爱人塔穆兹（Tammuz）。她把所有适宜的天命集聚在一起，用她威严的礼服与宝石装饰自己，准备进入"不可复归之地"。冥府的王后是她的姐姐、刻薄的敌人埃里什基加尔，她是黑暗、忧伤及死亡女神。因为担心在冥府里被姐姐杀死，印南娜吩咐总是对她唯命是从的使者宁舒布尔，如果三天后她还没有回来，他要去天堂并且为她喧哗叫喊，把诸神聚集到大厅里议事。他要去尼普尔——就是在这个城市中，泥板被发掘出来——哭泣着恳求大神恩利尔，请他去从埃里什基加尔的魔掌下解救她。如果恩利尔拒绝，他就要去乌尔，即迦勒底（Chaldee）的乌尔，根据《圣经》传说亚伯拉罕（Abraham）由此移居巴勒斯坦（Palestine），他要在苏美尔伟大的月神南纳之前反复祈祷。如果南纳也拒绝，他要去埃利都，这座城市在苏美尔文明中据说自起源时代就存在，他要在"智慧之神"恩基面前哭泣恳求。恩基，知晓生命之食，知晓生命之水，他将复苏她的生命。

　　因为已经做了这些安排，印南娜就下到了冥府并接近了埃里什基加尔的青金石神庙。在大门口她遇到了看门人的首领，他问她是谁，为何而来。印南娜编造了一个谎言来解释她的拜访。看门人，根据其女主人埃里什基加尔的指示，带她穿越了冥府的七重大门。当她每穿过一扇门时，她的礼服与宝石就被摘除一些，虽然她表示抗议，但无济于事。最终，穿过最后一扇大门之后，她完全赤裸，跪在埃里什基加尔与七位恩努纳济面前，那是冥府令人生畏的审判。他们的"死亡之目"牢牢锁住印南娜，结果印南娜变成了一具尸体，被吊在刑柱上。

　　就这样，过了三天三夜。第四天，宁舒布尔看到他的女主人还没有回来，就依照她的吩咐将众神集聚。正像印南娜所预料的，尼普尔的恩利尔和乌尔的南纳都拒绝给予任何帮助。而恩基谋划了一个计策来挽救她的生命。他造出了库尔加鲁（kurgarru）与卡拉图鲁（kalaturru）两个无性的生物，委托他们带着生命之食与生命之水按照指示去冥府，并把这些食物与水分六十次撒到印南娜被悬挂着的尸体上。他们这样做了，印南娜就复活了。当她离开冥府，再上升到地面时，她的身边陪伴着死亡的阴影，还有居住在冥府的妖怪们。被这些可怕的死人一样的东西簇拥着，印南娜在苏美尔各个城市之间徘徊。

所有现存的关于《印南娜下冥府》的原始材料，很不幸在这里中断了，但是这并不是这个神话的结束。可是期待在不太远的未来的某一天，刻写这个故事结局的残片被发现与释读，希望不大。

以下是这一作品的不太完善的文字翻译，它提供了一个苏美尔诗歌的情绪与格调、律动与节奏的优秀案例。

在至上她决心向至下进发，
女神在至上她决心向至下进发，
印南娜在至上她决心向至下进发。

我的女神放弃了天空，放弃了大地，
她降下冥府去，
印南娜放弃了天空，放弃了大地，
她降下冥府去，
放弃统治，放弃身份，
她降下冥府去。

在乌鲁克，她放弃了伊纳（Eanna），
她降下冥府去，
在巴德提比拉（Badtibira），她放弃了厄姆施卡拉马

（Emushkalamma），

她降下冥府去，

在扎巴拉姆（Zabalam），她放弃了基谷纳（Giguna），

她降下冥府去，

在阿达布（Adab），她放弃了厄莎拉（Esharra），

她降下冥府去，

在尼普尔，她放弃了巴拉图什加拉（Baratushgarra），

她降下冥府去，

在基什（Kish），她放弃了胡尔萨格卡拉马（Hursagkalamma），

她降下冥府去，

在阿加德（Agade），她放弃了厄乌尔玛什（Eulmash），

她降下冥府去。

七个天命，她紧带身边，

她挑出七个天命，放在手中，

她摆出所有天命，置于脚边待命，

舒古拉，平原的花冠，她戴在头上，

光辉，她展现在自己的脸上，

青金石的……杖，她紧握在手中，

小的青金石块，她系在脖颈上，

闪闪发光的……石，她紧扣在胸部，

金指环，她紧箍在手中，

一件……胸甲，她紧系在胸口，

所有贵妇的外衣，她装扮在自己的身上，

香膏，她涂抹在脸上。

印南娜走向冥府，

她的使者宁舒布尔走在她身旁，

印南娜对宁舒布尔说：

"啊，（你是）我的坚定支持者，

我的赞美之语的使者，

我的支持之言的传递者，

现在我到冥府去。

"当我到了冥府，

为我在天堂传播苦衷，

为我在集会的神殿中哭喊，

为我在诸神的宫殿中奔告，

为我低垂你的眼睛，为我放低你的口，

带着……为我降低你伟大的……，

为我像一个乞丐，只穿一件外衣，

去埃库尔（Ekur），恩利尔的宫殿，你独自移步。

"当你进入埃库尔，恩利尔之屋，

在恩利尔面前哭诉：

'啊，父神恩利尔，不要让你的女儿在冥府被杀死，

不要让你上好的金属在地上沾染冥府的灰尘，

不要让你优良的青金石在石匠的石头中被毁掉，

不要让你的黄杨木在木匠的木料中被切掉，

不要让少女印南娜在冥府被杀死。'

"如果恩利尔在这件事上袖手旁观,你去乌尔。

"在乌尔,当你进入土地的……之屋,
埃基什舍加尔(Ekishshirgal),南纳之屋,
在南纳面前哭诉:
'啊,父神南纳,不要让你的女儿在冥府被杀死,
不要让你上好的金属在地上沾染冥府的灰尘,
不要让你优良的青金石在石匠的石头中被毁掉,
不要让你的黄杨木在木匠的木料中被切掉,
不要让少女印南娜在冥府被杀死。'

"如果南纳袖手旁观,不理这件事,你去埃利都。

"在埃利都,当你进入恩基之屋时,
在恩基面前哭诉:
'啊,父神恩基,不要让你的女儿在冥府被杀死,
不要让你上好的金属在地上沾染冥府的灰尘,
不要让你优良的青金石在石匠的石头中被毁掉,
不要让你的黄杨木在木匠的木料中被切掉,
不要让少女印南娜在冥府被杀死。'

"父神恩基,智慧之主,
他知晓生命之食,他知晓生命之水,
他必定能令我复活。"

印南娜走向冥府,

对她的使者宁舒布尔说:

"去,宁舒布尔,

去按我已经吩咐你的话去做……"

当印南娜抵达冥府的青金石宫殿时,

在冥府的大门处她狠狠地行事,

在冥府的宫殿里,她狠狠地讲话:

"打开屋子,守门人,打开屋子,

打开屋子,讷提(Neti),打开屋子,我一个人,要进来。"

讷提,冥府看门人的首领,

回答圣洁的印南娜:

"谁在请求?"

"我是天空女王,那里是太阳升起的地方。"

"如果你是天空女王,那里是太阳升起的地方,

为何请求来到这不可回归的土地?

你的心如何指引你行至旅行者无法返还之路?"

圣洁的印南娜回答他:

"我的姐姐埃里什基加尔,

因为她的丈夫,主古加拉那(Gugalanna),已经被杀掉了,

为了目击这一葬礼，

……就是这样。"

讷提，冥府看门人的首领，

回答圣洁的印南娜：

"等在那儿，印南娜，让我汇报给我的女王，

让我汇报给我的女王埃里什基加尔……让我去说。"

讷提，冥府看门人的首领，

进到了他的女王埃里什基加尔的屋内，对她说道：

"啊，我的女王，少女，

像一位神……

大门……

……

在伊纳……

七个天命，她紧带身边，

她挑出七个天命，放在手中，

她摆出所有天命，置于脚边待命，

舒古拉，平原的花冠，她戴在头上，

光辉，她展现在自己的脸上，

青金石的……杖，她紧握在手中，

小的青金石块，她系在脖颈上，

闪闪发光的……石，她紧扣在胸部，

金指环，她紧箍在手中，

一件……胸甲，她紧系在胸口，

所有贵妇的外衣，她装扮在自己的身上，

香膏,她涂抹在脸上。"

然后埃里什基加尔……
回答讷提,她的首要看门人:
"来,讷提,冥府的首要看门人,
附耳过来,按我说的话去做,
冥府的七重大门,打开它们的锁,
大门甘兹尔(Ganzir),冥府之'脸',定下了他的规矩;
当她(印南娜)进来时,
屈低……让她……"

讷提,冥府看门人的首领,
忠于其女王的话。
冥府的七重大门,他打开了它们的大锁,
大门甘兹尔,冥府之"脸",他定下了规矩。
他对圣洁的印南娜说:
"来,印南娜,进来吧。"

当她进入第一道大门,
舒古拉,她头上的"平原之冠",被摘下。
"这是什么规矩?"
"啊,印南娜,冥府的法令是格外完美的,自有道理,
啊,印南娜,不要质疑冥府的仪式。"

当她进入第二道大门,

……青金石之权杖被摘掉。

"这是什么规矩?"

"啊,印南娜,冥府的法令是格外完美的,自有道理,啊,印南娜,不要质疑冥府的仪式。"

当她进入第三道大门,

她脖颈上的小青金石被摘下。

"这是什么规矩?"

"啊,印南娜,冥府的法令是格外完美的,自有道理,啊,印南娜,不要质疑冥府的仪式。"

当她进入第四道大门,

她胸部闪闪发光的……石头被摘下。

"这是什么规矩?"

"啊,印南娜,冥府的法令是格外完美的,自有道理,啊,印南娜,不要质疑冥府的仪式。"

当她进入第五道大门,

她手上的金指环被摘下。

"这是什么规矩?"

"啊,印南娜,冥府的法令是格外完美的,自有道理,啊,印南娜,不要质疑冥府的仪式。"

当她进入第六道大门,

她胸口的……胸甲被摘了。

"这是什么规矩?"
"啊,印南娜,冥府的法令是格外完美的,自有道理,
啊,印南娜,不要质疑冥府的仪式。"

当她进入第七道大门,
她身上标志尊贵身份的全部服饰都被拿掉了。
"这是什么规矩?"
"啊,印南娜,冥府的法令是格外完美的,自有道理,
啊,印南娜,不要质疑冥府的仪式。"

屈低……

圣洁的埃里什基加尔坐在自己的宝座上,
恩努纳济,七位判官,在她面前宣判,
他们用眼睛盯牢她,死亡之目,
以他们的话语,折磨着灵魂的话语,
……脆弱的女人被变成了一具尸体,
尸体被悬挂于刑柱上。

三天三夜过去了,
她的使者宁舒布尔,
她赞美之语的使者,
她支持之言的传递者,
为她使抱怨充满天堂,
为她在集会的神殿哭喊,

为她在诸神的宫殿奔跑,

为她低垂他的眼睛,为她放低他的口,

带着……为她降低了他伟大的……

为她像一个乞丐,只穿一件外衣,

到埃库尔,恩利尔之屋,独自移步到那里。

当他进入埃库尔,恩利尔之屋,

在恩利尔面前,他哭诉:

"啊,父神恩利尔,不要让你的女儿在冥府被杀死,

不要让你上好的金属在地上沾染冥府的灰尘,

不要让你优良的青金石在石匠的石头中被毁掉,

不要让你的黄杨木在木匠的木料中被切掉,

不要让少女印南娜在冥府被杀死。"

父神恩利尔回答宁舒布尔:

"我的女儿,在'至上'……在'至下'……

印南娜,在'至上'……在'至下'……

冥府的判决……判定,到他们的地方……

谁会去他们的地方请求?……"

父神恩利尔袖手旁观不理这事,他接着去乌尔。

在乌尔,他进入了……之屋,土地的……

埃基什舍加尔,南纳之屋,

在南纳面前,他哭诉:

"啊,父神南纳,不要让你的女儿在冥府被杀死,
不要让你上好的金属在地上沾染冥府的灰尘,
不要让你优良的青金石在石匠的石头中被毁掉,
不要让你的黄杨木在木匠的木料中被切掉,
不要让少女印南娜在冥府被杀死。"

父神南纳回答宁舒布尔:
"我的女儿,在'至上'……在'至下'……
印南娜,在'至上'……在'至下'……
冥府的判决……判定,到他们的地方……
谁会去他们的地方请求?……"

父神南纳袖手旁观不管这事,他接着去埃利都。

在埃利都,当他进入恩基之屋,
在恩基面前,他哭诉:
"啊,父神恩基,不要让你的女儿在冥府被杀死,
不要让你上好的金属在地上沾染冥府的灰尘,
不要让你优良的青金石在石匠的石头中被毁掉,
不要让你的黄杨木在木匠的木料中被切掉,
不要让少女印南娜在冥府被杀死。"

父神恩基回答宁舒布尔:
"现在,我的女儿已经做了什么!我深为烦忧,
现在,印南娜已经做了什么!我深为烦忧,

现在，所有土地的女王已经做了什么！我深为烦忧，
现在，天堂的圣役者已经做了什么！我深为烦忧。"

……他拿来泥土，做成了库尔加鲁，
……他拿来泥土，做成了卡拉图鲁，
给库尔加鲁生命之食，
给卡拉图鲁生命之水，
父神恩基对库尔加鲁与卡拉图鲁说：
……（19 行破损）
"悬挂在刑柱上的尸体，指引火光的恐惧，
六十次生命之食，六十次生命之水，撒在其上，
印南娜必将复活。"

（24 行？破损）

悬挂在刑柱上的尸体，指引火光的恐惧，
六十次生命之食，六十次生命之水，撒在其（印南娜的死尸）上，
印南娜复活了。

印南娜从冥府升起来，
恩努纳济消失，
冥府的诸神，已经安静地回到冥府，
印南娜从冥府升出之时，
死亡在她的前头一再催促。

印南娜从冥府升出，

小魔鬼，像……芦苇，

大魔鬼像刻字芦秆笔，

走在她身侧，

他们走在她前头，没有……手中拿着棍棒，

他们走在她身侧，没有……腰中携带武器，

他们在她前头，

他们在印南娜前头，

（这些生物）不知道吃，不知道喝，

他们不吃磨碎的面粉，

他们不喝酿好的美酒，

从男人的身边带走妻子，

从哺乳的母亲那里带走孩子。

印南娜从冥府升出，

当印南娜正从冥府上来时，

她的使者宁舒布尔拜倒在她的脚下，

坐在灰尘中，外表脏乱，

魔鬼们对圣洁的印南娜说：

"啊，印南娜，在你的都城等待，我们会把他带给你。"

圣洁的印南娜回答魔鬼们：

"（他是）我的赞美之言的使者，

我的支持之言的传递者，

他没有辜负我的指示，
他不会耽搁我的命令，
他为我在天堂中诉说委屈，
他为我在集会的神殿哭喊，
在诸神的宫殿中，他为我奔跑，
他为我低垂他的眼睛，他为我放低他的口，
带着……他降低了他的伟大的……为我，
到埃库尔，恩利尔之屋，
在乌尔，到南纳之屋，
在埃利都，到恩基之屋（他直接去到那里），
他带给我复活的生命。"

"让我们领着她，在乌玛（Umma），到斯格库尔沙加（Sigkueshagga），让我们领着她。"

在乌玛，从斯格库尔沙加，
莎拉（Shara）跑来拜倒在她的脚下，
坐在尘土中，仪容污乱，
魔鬼们对圣洁的印南娜说：
"啊，印南娜，等在你的城市前，我们会把他带给你。"

圣洁的印南娜回答魔鬼们：
（印南娜的回答破损了）

"让我们领着她，在巴德提比拉，到厄姆施卡拉马，让我们

第三章　库尔的神话

领着她。"

在巴德提比拉,从厄姆施卡拉马,
……他们自己拜倒在她的脚下,
坐在灰尘中,仪容不整,
魔鬼们对印南娜说:
"啊,印南娜,等在你的城市前面,我们会把他们带给你。"

圣洁的印南娜回答魔鬼们:
(印南娜的回答破损了。诗歌的结尾缺失。)

第四章 其他各种神话

大洪水

《圣经》大洪水的故事并不是起源于《圣经》的希伯来编订者,现在这点被了解已经超过半个世纪了——从闪族的巴比伦《吉尔伽美什史诗》的11块泥版的发现与释读的时间算起。可是,巴比伦的大洪水神话本身也是自苏美尔起源的。出版于1914年的阿尔诺·波贝尔仔细翻译的一块残片,是在大学博物馆中的尼普尔藏品,由一块六面的苏美尔泥版的下面的三分之一组成,其内容的更多部分是由洪水神话组成。[88]不幸的是,这一残片仍然是单独的,且没有复制品;在伊斯坦布尔和费城,我所成功发现的任何一种材料都没有可能帮助恢复其内容破损的部分。[v]

诗歌的第一部分包含人类的创造、动物的创造和大洪水前五城的建造,五城分别是埃利都(Eridu)、巴德提比拉(Badtibira)、拉拉克(Larak)、西帕(Sippar)、舒鲁帕克(Shuruppak)。因为某些原因——涉及的这段完全被损坏了——大洪水是应天命来消灭人类的。可是,至少某些神明似乎对这一决定心怀歉意。很可能就是水神恩基,他就设法拯救人类。他通知吉乌苏德拉(Ziusudra)——《圣经》中的诺亚在苏美尔文学中的对应者,一位虔诚、畏神、谦恭的王——诸神的可怕的决定并且建议他造一艘大船来拯救自己。记录大船建造细节的长段被损坏了。我们的文本再次开始时，已经处于洪水的描述中了：

> 所有的风暴，极具力量，像一个整体在攻击，
>
> 大洪水肆虐在大地的表面，
>
> 七天七夜之后，
>
> 大洪水已经在土地上咆哮，
>
> 巨船在大水上颠簸，
>
> 乌图出来，他在天空与大地之上放出光芒，
>
> 吉乌苏德拉打开巨船的舷窗，
>
> 吉乌苏德拉，王，
>
> 拜伏在乌图面前，
>
> 王，杀掉了一头牛，宰掉了一只羊。

接下来很长一段损坏了。当我们的文本再次变得可以理解的时候，它正在描绘吉乌苏德拉的不朽：

> 吉乌苏德拉，王，
>
> 拜伏在安与恩利尔之前，
>
> 他们给他像神一样的生命，
>
> 他们给他像神一样永恒的气息。

> 在那些天里，吉乌苏德拉，王，
>
> 人类与……之名的保存者，
>
> 在交错的山脉中，在迪尔蒙，太阳升起之地，
>
> 他们（安与恩利尔）使之住下。

诗歌余下的部分已破损。

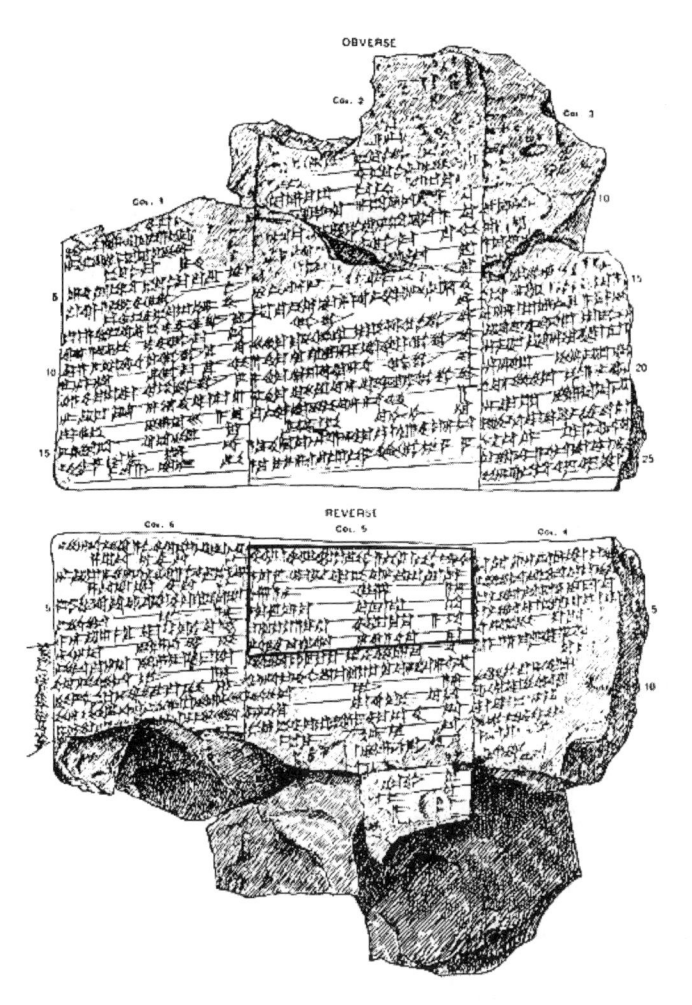

文本图表 2　大洪水

这一图像展示了大洪水泥版的正面与背面，由波贝尔在 1914 年出版。[88] 标注段落的内容描绘了大洪水，注音如下：

1. *tul₅-ḫul-tul₁₅-ḫul-nί-gur₄-gur₄-gál dù-a-bi ur-bi ì-súg-gi-eš*
2. *a-ma-ru ugu-kab-dug₄-ga ba-an-da-ab-ùr-ùr*
3. *u₄-7-àm gi₆-7-àm*
4. *a-ma-ru kalam-ma ba-ùr-ra-ta*
5. ᵍⁱˢ*má-gur₄-gur₄ a-gal-la tu₁₅-ḫul-bul-bul-a-ta*
6. ᵈ*utu im-ma-ra-è an-ki-a u₄-gá-gá*

翻译见第 126 页 [从"所有的风暴"到"他们（安与恩利尔）使之住下"]。

第四章　其他各种神话　| 127

马图的婚姻[w]

到目前为止，我们仅有一块泥版刻写着这首诗歌的内容。这块泥版出土于尼普尔，收藏于大学博物馆，已经被爱德华·切拉在20多年前复制与翻译了一部分。[89]

故事发生在尼那布（Ninab）城，"万城之城，王土"，但其地点现在位于美索不达米亚何处尚未确定。它的保护神似乎就是马图，一位西闪族的神，被苏美尔人改造纳入其万神殿。有关这一事件发生的时间，诗歌开头用简洁而对立的措辞描述了出来，措辞的确切含义迄今还不明晰：

尼那布存在，施塔布（Shittab）不存在，

纯洁的王冠存在，纯洁的三重冠不存在，

纯洁的草药存在，纯洁的雪松树不存在，

纯洁的盐存在，纯洁的天然碱不存在，

同居……存在，

在草地上，有生产。

出于有些在文本中并不完全清楚的理由，神马图决定结婚。他去找他的母亲，问她要一个妻子：

马图到他的母亲那里，

进到屋子里说：

"在我的城市，我的朋友们自己找到他们的妻子，

我的邻居自己找到他们的妻子，

在我的城市里，朋友们中只有我没有妻子，

没有妻子，没有孩子。"

剩余的演说很模糊，结尾是这样的：

"啊，我的母亲，给我找一个妻子吧，

我将把我的礼物给你。"

他的母亲给了他建议。他准备在尼那布举办一场盛宴，请卡扎鲁（Kazallu）的保护神努姆施达（Numushda）带着他的妻子与女儿来。宴会上，马图做了一些英勇的事——涉及的段落部分破损了，而且大部分令人不解——令卡扎鲁的努姆施达很高兴。作为一种奖励，后者给予马图白银与青金石。但是马图拒绝了，他牵着努姆施达女儿的手宣布这就是对他的奖赏。努姆施达高兴地答应了，他的女儿也同意了。可是她的一个近亲却贬损马图，说在她的眼中，他就是一个粗鲁的野蛮人：

他吃未加工的肉，

他活在世上没有屋子，

他死后不用埋葬，

啊，我的……为何你要嫁给马图？

努姆施达的女儿简单地回答："我将嫁给马图。"诗歌到此结束。

印南娜更喜欢农夫[x]

这是一个迷人的农业神话[90]，我将其命名为《印南娜更喜欢农夫》。它是另外一种该隐-亚伯的母题。诗歌中人物有四位：表面上无处不在的印南娜；她的兄弟，太阳神乌图；牧羊神杜姆兹（Dumuzi）；农神恩启姆都（Enkimdu）。情节如下：印南娜将要选择一位配偶，她的兄弟乌图劝她嫁给牧羊神杜姆兹，但是她更喜欢农神恩启姆都。因此，杜姆兹上前质问为何她更喜欢农夫；他，杜姆兹，牧羊人，有的只会比农夫更多。印南娜没有回答，但是恩启姆都，这个农夫看起来是平静而谨慎型的，试图安抚好战的杜姆兹。后者拒绝缓和紧张气氛，直到农夫许诺给他各

第四章　其他各种神话　│　129

种礼物——这里，必须强调的是，文本此处的意思是十分不确定的——甚至包括印南娜自己。

诗歌的可理解部分以太阳神乌图与他的姐妹印南娜说话开始：

啊，我的姐妹，牧羊人多么富有，

啊，少女印南娜，为何你不喜欢？

他的油脂是好的，他的枣椰酒是好的，

牧羊人，他所触碰的每一件东西都是鲜亮的，

啊，印南娜，杜姆兹多么富有……

丰富的珠宝和珍贵的宝石，为何你不喜欢？

他的上好的油脂将和你一起分享，

国王的保护者，为何你不喜欢？

但是，印南娜拒绝：

我不会嫁给更多财产的牧羊人，

在他的新……我将不会走，

在他的新……我将说不出赞美，

我，少女，我将嫁给农夫，

农夫令作物茂盛生长，

农夫令谷物茂盛生长。

接下来大概中断了12行，印南娜继续给出她更喜欢农夫的理由。然后牧羊神杜姆兹走向印南娜，反对她的选择——这一段复杂有力的措辞是特别杰出的——模式如下：

农夫拥有的比我还多？农夫拥有的比我还多？农夫什么比我还多？

如果他给我他的黑色的外衣，我给他，农夫，我的黑色的母羊，

如果他给我他的白色的外衣，我给他，农夫，我的白色的母羊，

如果他给我倒他新酿的枣椰酒，我倒给他，农夫，我的黄色的牛奶，

如果他给我倒他上好的枣椰酒，我倒给他，农夫，我的吉斯姆（kisim）牛奶，

如果他给我倒他"转动内心"的枣椰酒，我倒给他，农夫，我的泡沫牛奶，

如果他给我倒兑水的枣椰酒，我倒给他，农夫，我的植物牛奶，

如果他给我他好的部分，我给他，农夫，尼提尔达（nitir-da）牛奶，

如果他给我上好的面包，我给他，农夫，我的蜜酪，

如果他给我他的小豆子，我给他我的小乳酪；

他能够吃到更多，他能够喝到更多，

我给他倒无尽的油，我给他倒无尽的奶；

比我还多？农夫，他有什么比我还多？

接下来4行意思不清，然后恩启姆都开始尽力缓和气氛：

你，啊，牧羊人，为何要开始一次争吵？

啊，牧羊人，杜姆兹，为何要开始一次争吵？

我和你，啊，牧羊人，我和你，为什么你要比较？

让你的羊吃地上的草，

在我的草地上，让你的羊吃草，

在扎巴拉姆的土地上，让它们吃粮食，

让你羊圈中所有的羊喝我乌努恩（Unun）河之水。

第四章　其他各种神话 | 131

但是，牧羊人还是态度强硬：

> 我，牧羊人，在我的婚礼上，不要进来，啊，农夫，作为我的朋友，
>
> 啊，农夫，作为我的朋友，啊，农夫，作为我的朋友，不要进来。

因此，农夫答应给他各种礼物：

> 我将带给你麦子，我将带给你豆子，
>
> 我将带给你……的豆子，
>
> 还有少女印南娜，无论什么，只要令你愉快，
>
> 少女印南娜，我将带给你。

这首诗就这样结束了，看起来像是牧羊神杜姆兹战胜了农神恩启姆都。

第五章 参考书目与注释

参考书目

以下是书中引用的缩写对照表：

AO Musée du Louvre, Paris. *Antiquités Orientales*. (Followed by catalogue number.)

AOF *Archiv für Orientforschung* (Berlin, 1923-).

AOR *Archiv Orientální* (Prague, 1928-).

AS Oriental Institute of the University of Chicago. *Assyriological Studies* (Chicago, 1931-).

AS No. 10 Kramer, Samuel N. *Gilgamesh and the Huluppu-tree* (1938).

AS No. 11 Jacobsen, Thorkild. *The Sumerian King List* (1939).

AS No. 12 Kramer, Samuel N. *Lamentation over the Destruction of Ur* (1940).

ASKT Haupt, Paul. *Akkadische und Sumerische Keilschrifttexte* (Leipzig, 1881-1882).

ATU *Altorientalische Texte und Untersuchungen*, ed. by Bruno Meissner (Leiden, 1916-).

BA *Beiträge zur Assyriologie und Semitischen Sprachwissenschaft*, ed. by P.

Haupt and F. Delitzsch (Baltimore and Leipzig, 1890-1927).

BASOR   *Bulletin of the American Schools of Oriental Research* (Baltimore, 1919-).

BE   The Babylonian Expedition of the University of Pennsylvania. Series A: *Cuneiform Texts*, ed. by H. V. Hilprecht (Philadelphia, 1893-1914).

BE XXIX   Radau, Hugo. *Sumerian Hymns and Prayers to God Nin-ib, from the Temple Library of Nippur* (1911).

BE XXXI   Langdon, Stephen H. *Historical and Religious Texts from the Temple Library of Nippur* (1914).

BBI   Barton, George A. *Miscellaneous Babylonian Inscriptions* (New Haven, 1918-).

BL   Langdon, Stephen H. *Babylonian Liturgies* (Paris, 1913).

CBS   Museum of the University of Pennsylvania. Catalogue of the Babylonian section. (Followed by number.) All *CBS* numbers listed in the notes are still unpublished.

CT   British Museum. *Cuneiform Texts from Babylonian Tablets…in the British Museum* (London, 1896-).

GSG   Poebel, Arno. *Grundzüge der Sumerischen Grammatik* (Rostock, 1923).

HAV   Radau, Hugo. "Miscellaneous texts from the temple library of Nippur," in *Hilprecht Anniversary Volume* (Leipzig, 1909): 374- 457.

HRETA   Nies, J. B. and C. E. Keiser. *Historical, Religious, and Economic Texts and Antiquities* (New Haven, 1920).

JAOS   *Journal of the American Oriental Society* (Boston, etc., 1849-).

JRAS   *Journal of the Royal Asiatic Society of Great Britain and Ireland* (London, 1834-).

K   British Museum. Kouyunjik collection. (Followed by catalogue number.)

KAR   Ebeling, Erich. *Keilschrifttexte aus Assur Religiösen Inhalts* (Wissenschaftliche Veröffentlichung der Deutsche Orient-Gesellschaft, Bd. 28, Heft 1-4, and Bd. 34, Heft 1-; Leipzig, 1919-).

KGV   Abel, L. and H. Winkler. *Keilschrifttexte zum Gebrauch bei Vorlesungen* (Berlin, 1890).

MVAG *Mitteilungen der Vorderasiatisch-aegyptische Gesellschaft* (Berlin, 1896-1908; Leipzig, 1909-).

Ni   Asari atika müzeleri (Museum of the Ancient Orient), Istanbul. Nippur collection. (Followed by catalogue number.) All Ni numbers listed in the notes will be published in *SLTN*.

OECT *Oxford Editions of Cuneiform Texts* (London, 1923-).

OECT I Langdon, Stephen H. *Sumerian and Semitic Religious and Historical Texts* (London, 1923).

PBS   Museum of the University of Pennsylvania. *Publications of the Babylonian Section* (Philadelphia, 1911-).

PBS I 1 Myhrman, David W. *Babylonian Hymns and Prayers* (1911).

PBS I 2 Lutz, Henry F. *Selected Sumerian and Babylonian Texts* (1919).

PBS IV 1 Poebel, Arno. *Historical Texts* (1914).

PBS V Poebel, Arno. *Historical and Grammatical Texts* (1914).

PBS VI 1 Poebel, Arno. *Grammatical Texts* (1914).

PBS X 1 Langdon, Stephen H. *Sumerian Epic of Paradise, the Flood, and the Fall of Man* (1915).

PBS X 2 Langdon, S. H. *Sumerian Liturgical Texts* (1917).

PBS X 4 Langdon, S. H. *Sumerian Liturgies and Psalms* (1919).

PBS XII   Langdon, S. H. *Sumerian Grammatical Texts* (1917).

PBS XIII   Legrain, Leon. *Historical Fragments* (1922).

PRAK   Genouillac, Henri de. *Premières Recherches Archéologiques à Kich* (2 vols.; Paris, 1924-1925).

R   Rawlinson, Sir Henry. *The Cuneiform Inscriptions of Western Asia* (5 vols.; London, 1861-1884; vol. 4, 2d ed., 1891).

RA   *Revue d'Assyriologie et d'Archéologie Orientale* (Paris, 1884-).

SAK   Thureau-Dangin, François. *Die Sumerischen und Akkadischen Königsinschriften* (Leipzig, 1907).

SBH   Reisner, George A. *Sumerisch-babylonische Hymnen nach Thontafeln Griechischer Zeit* (Berlin, 1896).

SEM   Chiera, Edward. *Sumerian Epics and Myths* (Oriental Institute publications XV; Chicago, 1934).

SL   Kramer, Samuel N. "Sumerian Literature," in *Proceedings of the American Philosophical Society* 85. 293-323, 1942.

SLTN   Kramer, Samuel N. *Sumerian Literary Texts from Nippur in the Museum of the Ancient Orient* (to appear in the near future under the auspices of the American School of Oriental Research at Bagdad and the American Council of Learned Societies).

SRT   Chiera, Edward. *Sumerian Religious Texts* (Crozer Theological Seminary. Babylonian publications I; Upland, Pa., 1924).

STVC   Chiera, Edward. *Sumerian Texts of Varied Contents* (Oriental Institute publications XVI; Chicago, 1934).

TRS   Genouillac, Henri de. *Textes Religieux Sumériens du Louvre*, Tomes I-II (Musée du Louvre, Department des antiquités orientales, *Textes cunéiformes*,

Tomes XV-XVI; Paris, 1930).

U　Joint Expedition of the British Museum and of the Museum of the University of Pennsylvania to Mesopotamia. Ur collection. (Followed by catalogue number.)

VS　Staatliche Museen, Berlin. *Vorderasiatische Schriftdenkmäler* (Leipzig, 1907-).

VS II　Zimmern, Heinrich. *Sumerische Kultlieder aus Altbabylonischer Zeit*, 1. Reihe (1912).

VS X　Zimmern, Heinrich. *Sumerische Kultlieder aus Altbabylonischer Zeit*, 2. Reihe (1913).

VAT　Staatliche Museen, Berlin. Tontafelsammlung, Vorderasiatische Abteilung. (Followed by catalogue number.)

注　释

[1] 这首诗的现存版本，被我们命名为《恩美卡之史诗》，它由以下的泥版及残片重构而成：*CBS* 29.13.194, 29.16.422; *PBS* V 8; *PBS* XIII 8; *SEM* 14, 16; *SRT* 34。下面的残片也可能属于该作品：*BE* XXXI 44 (*cf.* Kramer, *JAOS* 60.250); *CBS* 2291, 7859; *HAV* 9。《恩美卡之史诗》同另一个反映恩美卡事迹的史诗性故事截然不同，另一个文本我们可以将其命名为《恩美卡与恩苏克什达纳》。现存文本的后半部分由如下泥版及残片重构：Ni 2283; *PBS* V 9, 10; *SEM* 13, 18, 19。下面的残片也可能属于它：*CBS* 29.16.450; *HAV* 17; *SEM* 17。在泥版编号 *SL* 320 部分，我曾假定只有一个史诗版本涉及了恩美卡自乌鲁克征服阿拉塔期间的功业。现在看来，实际上我们很可能有两个这样的史诗故事。首先，在编号 *SL* 的

泥版中，就发现了"更大的部分"，同上述被指认为《恩美卡之史诗》相一致；其次，在编号 SL 的泥版中也发现了"更小的部分"，同上述提到的《恩美卡与恩苏克什达纳》相一致。标记为数字 20（不是 25）的泥版残片中也显示出属于这两首诗歌的内容，这同编号 SL 320 的泥版中的内容是一致的。

[2] 这一段落的发音与意译如下：

1. u_4-ba muš-nu-gál-la-àm gír nu-gál-la-àm [ka nu-gál-la-àm]
2. ur-maḫnu-gál-la-àm ur-zir（?）ur-bar-ra nu-gál-la-am
3. ní-te-gá su-zi-zi-i nu-gál-la-àm
4. lú-lu_6 gaba-šu-gar nu-um-tuku-àm
5. u_4-ba kur-šubur ki-ḥé-me-zi
6. eme-ḥa-mun ki-en-gi kur-gal-me-nam-nun-na-kam
7. ki-uri kur-me-te-gál-la
8. kur-mar-tu-ú-sal-la-ná-a
9. an-ki-nigin-na uku-sag-sì-ga
10. ^{d}en-líl-ra eme-aš-àm, he-en-na-da- [si（?）-el（?）]

在那些日子，没有毒蛇，没有蝎子，没有鬣狗，

没有狮子，没有野狗，没有狼，

没有恐惧，没有惊怕，

人类没有天敌。

在那些日子，舒伯（Shubur，在东方）地方，丰裕之地，正义审判之地，

语言相通苏美尔（Sumer，在南方）地方，伟大"王权的审判"之地，

乌里（Uri，在北方）地方，所需皆有之地，

马图（Martu，在西方）地方，保证休息之地，

整个宇宙，人们和谐，

美言赞颂恩利尔。

［3］阿卡德语作为一个术语，现在一般被应用于说闪族语的那些国家，诸如被人们所知的亚述和巴比伦。亚述语和巴比伦语过去就被认定为属于这种语言，它们是阿卡德语最为人所知的两种方言的名称。

［4］还没有令人满意的苏美尔和苏美尔人的历史被书写。可是，有兴趣的读者可以通过阅读下面的著作获得关于苏美尔历史的基本模式及其基本问题的相对适当的指导，这就是：L. W. 金的《苏美尔与阿卡德史》（伦敦，1910），《剑桥古代史》卷1（1923，尤其是由斯蒂芬·朗顿所撰写的第十到第十二章），C. L. 伍利的《苏美尔人》（牛津，1929），E. A. 斯本瑟的《美索不达米亚起源：近东地区的基本居民》（费城，1930），亨利·法兰克福的《考古学与苏美尔问题》（东方学会《古代东方文明研究》，第4期，芝加哥，1932），W. F. 奥尔布赖特的《从石器时代到基督教》（巴尔的摩，1940）。读者在这些著作中将找到确切的陈述，这些陈述会经常性地表现出严重的分歧、矛盾和不同。要记住确切的来源材料本质上是非常复杂的，并且有关于此的研究与阐释，仍然会处于一种持续与发展的变化过程中。

［5］关于楔形文字书写系统破译的更多细节性的概览，可参阅 E. A. 沃利斯·巴奇的《亚述学的兴起与发展》（伦敦，1925）。读者在其中也将发现一个非常卓越的文献目录。对苏美尔语的破译最值得一提的是，应该参阅 F. H. 维斯巴赫的《苏美尔句法释疑》（莱比锡，1897）。尽管所有证据是相反的，但是，苏美尔作为一个令人惊奇的历史性事件得到了广泛的关注。可是，知名东方学家 J. 哈莱维一直否认苏美尔人及其语言在美索不达米亚的存在，这一状况一直持续到20世纪头十年。按照他的

偏见和主观性的观念，没有任何人群在闪族人之前占有巴比伦尼亚。至于所谓的苏美尔语，那只不过是一种闪族人的人工发明，是由僧侣们为了某种神秘的目的而发明出来的。

［6］第一批4万块泥版由阿拉伯工人发现，当时，德·萨尔泽克——发掘的组织者碰巧离开了土堆。于是，工人们就不断地将这些泥版卖到商人们的手中，结果在欧洲或美洲没有重要的藏品，那里没有拉伽什的泥版。在那些年里，自拉伽什发掘到的泥版在古代东方博物馆越积越多。总数估计起来比较困难，可能接近10万块。

［7］对尼普尔发掘的精确描述，可参见 J. P. 彼得斯的《尼普尔》（第2卷，纽约，1897），H. V. 希尔普莱克特的《亚述与巴比伦尼亚的发掘》（宾夕法尼亚大学的巴比伦尼亚考察，D系列：研究与专著，费城，1904），C. S. 费舍尔的《尼普尔的发掘》（柏林，1907）。迄今泥版材料按照 BE 和 PBS 两个系列得到了大量发表，可以参阅《东方史料》27. 9-10, 13-14；进一步的还有 BBI, HAV, SEM, SRT, STVC；还有莱昂·莱格林的《尼普尔与巴比伦的巴比伦题铭与残片》（*PBS XV*, 1926），爱德华·切拉的《尼普尔塔庙学校的苏美尔词汇文本》（东方学会会刊，第11期，芝加哥，1929）。关于尼普尔的印章与陶器，可以参阅莱昂·莱格林的《博物馆印章藏品中的巴比伦文化》（*PBS XIV*, 1925）和《尼普尔陶器》（*PBS XVI*, 1930）。

［8］对苏美尔遗址发掘的细节性概览，可参阅 *Handbuch der Archäologie im Rahmen des Handbuchs der Altertumwissenschaft* I（ed. by Walter Otto, Munich, 1939），还有 Seton Lloyd, *Mesopotamian Excavations on Sumerian Sites*（London, 1936）。

［9］众多包含苏美尔经济档案的出版物目录，可参阅 *Orientalia* 27. 31- 40 和 *AOF* 年鉴。

[10] 这些材料的更多部分已经被收集、翻译和注音。这项任务早在 1907 年即由杰出的法国亚述学家在其 *SAK* 中完成,这一卷仍然是基础与标准的。近年,对这一材料最有意义的补充是 C. J. 加德与 L. 莱格林的《皇家题铭》(大英博物馆与宾夕法尼亚大学博物馆赴美索不达米亚联合考察报告。《乌尔发掘》,文本一,伦敦,1928)。

[11] 这一公开发表的成果目录,参阅《东方史料》27.31-40 与 *AOF* 年鉴。特别是数学文本现在已经得到了足够的重视,参阅 Thureau-Dangin(in *RA* 24-35)与 Otto Neugebauer, *Mathematische Keilschrifttexte*(Berlin, 1935-1937)。

[12] 公开发表的包括:*CT XV, CT XXXVI, OECT I, PRAK, TRS, VS II, VS X*。一小部分文学性泥版很自然地在其他的藏品中被发现。耶鲁的巴比伦收藏,特别是斯蒂芬与格策教授告诉我的那些藏品,已经积聚了相当数量的苏美尔文学性泥版,都是从商人手中购得。不用怀疑,这些泥版有许多挖自尼普尔。

[13] 更多苏美尔史诗与神话的细节性概览,可参阅 *SL* 318-323。

[14] 这一材料的更多细节性讨论将在对 *SLTN* 的导论中见到。

[15] 见 *AS No.12*。

[16] 对目录泥版内容的科学性分析,参见 Kramer, "Oldest Literary Catalogue," in *BASOR* 88. 10-19。

[17] 这一文本的卓越副本,参见 F. Thureau-Dangin, *Les cylindres de Gudea, découverts par Ernest de Sarzec à Tello*(Musée du Louvre, Departement des antiquités orientales, *Textes cunéiformes*, tome VIII; Paris, 1925);注音与翻译参阅 *SAK* 88-141。

[18] *BBI* 1。

[19] 下面是关于楔形文字书写系统的起源与发展的主要研究:F.

Thureau-Dangin, *Recherches sur l'origine de l'ecriture cunéiforme* (Paris, 1898); G. A. Barton, *The Origin and Development of Babylonian Writing* (*BA* IX); A. Deimel, *Liste der archäischen Keilschriftzeichen* (Wissenschaftliche Veröffentlichungen der Deutsche Orient-Gesellschaft, Bd. 40; Leipzig, 1922); E. Unger, *Die Keilschrift* (Leipzig, 1929); A. Falkenstein, *Archäische Texte aus Uruk* (Ausgrabungen der Deutschen Forschungsgerneinschaft in Uruk-Warka, Bd. 2; Leipzig, 1936)。

[20] 如果从顶部开始直到底部检查这块泥版的第一栏，我们的注解如下：

1号是一个恒星的图案；它表示了最早的苏美尔语词"an"，"天空"之义。可是十分一致的符号也被用来表示语词"*dingir*"，意思为"神"。

2号表示的语词"Ki"，"大地"之义。显然，这被规定为大地的图案，尽管该符号的解释仍然是不确定的。

3号或多或少可能是一个人体的上半部分的程式化的图案；它表示的语词是"lu"，"人"的意思。

4号是一个女性外阴的图案；它表示的语词是"sal"，"女性外阴"的意思。同样的符号被用来表示语词"munus"，"女人"之义。

5号是大山的图案；它表示的语词是"kur"，其基本意义是"大山"。

6号展示了一个设计精巧的装置，那是由苏美尔书写系统的发明者在早期所发展的，他们用其可以表达图案般的语词，从而能够解决书写必需的象形文字表达的语词所面临的大量困难。请读者注意，这里符号表示的语词是"geme"，"女奴"之义，实际上是两个符号的结合，即"munus"（女人）与"kur"（大山），也就是泥版中的4号与5号符号。因此，从字面上看，这个复合的符号表达了"大山女人"的思想。但是，从苏美尔人是从山区地域获得他们的大部分女奴的情况看，这个复合的符号更明显地表示苏美尔语词"女奴"——geme。

7号是一个头部的图案；它表示了苏美尔语词"sag","头"的意思。

8号也是一个头部的图案；可是，有意用垂直的一画强调了头的特殊部位，亦即嘴。因此，这个符号表示了苏美尔语词"ka","嘴"。同一符号自然也足以表示语词"dug","说"。

9号可能是一个碗的图案，基本上被用来当作食物容器；它表示了语词"ninda","食物"。

10号实际上是一个合成符号，由口和食物的符号组成（见泥板8号和9号字符）；它表示了语词"ku","吃"。

11号是一个水流的图案；它表示了语词"a","水"。这一符号提供了一个苏美尔文字演变进程的绝佳例证，苏美尔文字逐渐丢掉了其难以操作的象形文字特征，转而向书写的表音系统发展。确实，11号字符基本上被用来表示苏美尔语词"a"（水）。可是，苏美尔语言中还有另外一个"a"，其发音同这个"a"（水）是完全一样的，但却表达了完全不同的意思，即"在……之中"。现在这个语词"a"（在……之中）是一个指示关系的语词，代表了一种用象形文字很难表达的概念。对于苏美尔文字的发明者而言，接踵而来的是富于创造性的想法，可以替代发明一种必需的高度复杂的图案符号来表达"在……之中"，他们可以使用符号"a"（水），因为两个词的发音是非常相似的。换句话说，早期苏美尔书匠开始意识到，假如两个词的发音相同的话，最初被赋予一个语词的符号可能被用来表达另一个意思完全不同的语词。随着这种实践的逐步扩展，苏美尔文字逐步丢掉了其象形文字的特征，并且越来越倾向于变成一种纯粹的表音文字。

12号是"嘴"和"水"符号的复合（见8号与11号）；它表示了语词"nag","喝"。

第五章　参考书目与注释 | 143

13号是行进中的小腿和脚的图案；它表示了语词"du"，"走"，还有语词"gub"，"站立"。

14号是一个鸟的图案；它表示的语词是"mushen"，"鸟"。

15号是一个鱼的图案；它表示的语词是"ha"，"鱼"。这个符号提供了另一个苏美尔文字向表音方向发展的例子。因为苏美尔语词"ha"不仅有"鱼"的意思，还有"可以"的意思，亦即苏美尔的"ha"实际表示了两个发音相同但意思却完全无关的语词。还有，在苏美尔文字的早期发展过程中，书匠们开始使用表示"鱼"的语词"ha"来表示发音上与之一致的"可以"意思的"ha"，就像11号的例子中，他们使用"水"的符号"a"来表示"在……之中"的"a"。

16号是一个公牛头与牛角的图案；它表示的语词是"gud"，"公牛"。

17号是一个母牛头的图案；它表示的语词是"ab"，"母牛"。

18号是一个大麦穗的图案；它表示的语词是"še"，"大麦"。

我们已经详细解释了第一栏里的符号处于迄今已知苏美尔书写发展的最早时期。可是，象形文字发明不久以后，苏美尔书匠们发现将泥版翻转过来是很方便的，以这样的方式，象形文字被刻写在泥版的背面。随着书写的发展，这种实践变得标准化并且符号有规律地调转了九十度。泥版的第二栏就以这种翻转的形式写出了象形文字符号。从我们当前的资料与研究判断这种象形文字的时代是非常困难的，它们大约可以上溯至公元前3200年到公元前2800年之间。泥版第三栏表示了可以被我们称为"古风时代"的文字，时间大约在公元前2800年到公元前2600年之间。第四栏包括古典时期的符号形式，大约在公元前2600年到公元前2450年。这一时期的题铭包括迄今已知的最纯粹的苏美尔语。尼普尔的古代石碑（图3），刻写着已知最为古老的神话，可能属于这一时期的最后时段。第五栏包括萨尔贡时代的符号形式，大约在公元前2450年到公元前2150年；正是在这一时期，苏美尔人遭遇了来自古提人与闪族人方面的严重挫败。接下来是苏美尔力量的一段短暂复兴，即新苏美尔时期，大约在公元前2150年到公元前2050年之间。第六栏表现了苏美尔这一时期的文字。随着乌尔城的毁灭，大约公元前2050年，苏美尔作为一个政治实体实际上已经不复存在。接下来的时期，大约是公元前2050年到公元前1700年，就是"后苏美尔时代前期"。在这段时期中，尽管苏美尔语不再作为一种活语言使用，但是还是被闪族征服者保留作为文献与宗教语言使用。正是在这一时期，我们的大部分的史料被刻写下来，尽管其大部分内容可能创作于相当早的时期。第七栏包括后来使用的符号形式。最后一栏显示出的文字被亚述皇家书匠在公元前第一千纪中大量使用。基本上在这之后，更方便的书写文字得到应用，就是19世纪的欧洲学者们首先研究与破译的那些。极为不合理的是，到那个时代，这是楔形文字研究者开始他们研究的文字。

[21] 讨论与文献目录，参阅 Albright, *From the Stone Age to Christianity*, p. 11 ff。

[22] 对巴比伦人借用苏美尔文学的更为充分的比较分析，参阅我对 A. Heidel 的评论：*The Babylonian Genesis*（Chicago, 1942），in *JAOS* 63.69-73。

[23] 即 *GSG*。还可以参阅在 *SL*. 320 中的评论。至于 *Sumerische Lesestücke* 波贝尔已经决定加入语法（参阅 *AOR* 8.27，注释2；希望这里的表达没有成为现实），遗憾的是这些仍然尚未出版。

[24] 词汇问题将在我的研究《苏美尔词典学与词典编纂的当前状态》中充分论述，希望在不久的将来得以出版。

[25] 芝加哥字音表与卢浮宫字音表 *AO* 7661（*AS No.* 7, 1940）。

[26] 该文本的注音与翻译，还有对苏美尔语法意义的科学分析，参

阅 *PBS VI* 1，pp. 29-53。

［27］这就是 *SEM* 和 *STVC*。

［28］参阅 *SL* 320-323，并且添加了《印南娜更喜欢农夫》（参见第四章）。

［29］James Hastings 编，13 卷，爱丁堡，1908—1927 年。参阅文章《宇宙进化论与宇宙学》，卷 4，第 125—179 页。

［30］L. H. Gray，J. A. MacCulloch，G. F. Moore 编，波士顿，1916—1932 年。在《闪族神话》(1931) 卷 9 中，Stephen Langdon 确实尝试对苏美尔神话的概念进行一次概括。可是，由于当时材料的限制和无处不在的语言困难，这里的大部分材料的梗概是相当靠不住且具有误导性的。

［31］这些出版的文本细节如下：*BE XXXI* 35，55（*cf. JAOS* 60.246，254；also *AS No. 11*，p.89，note 128）；*HAV* 11，12；*SEM* 21，22；*SRT* 39；U 9364（= *RA* 30.127 ff.）。

［32］可是，到今天，坦率地说，这种雕刻的材料相对很少能被接近事实的解说。通常，我们既不能识别出其上所表现的神灵，也不能大略地解说这些图案中的活动及其含义。以有限的空间和方式任意支配，滚印尝试着描述一个连续的故事，如《吉尔伽美什、恩启都与冥府》或者《印南娜下冥府》，这看起来是不可能的。即使为了克服其限制，他们发展了一套缩略与模式化的方法，我们还是不能了解它。这样，尽管事实上许多明白易懂的苏美尔神话材料现在已经可以被理解了，但是滚印上面的图案还是很少能讲述同我们已知的史诗与神话相一致的故事。可是，如图 6、图 9、图 11、图 13 和图 18 所示，这种雕刻材料中的一些是最直白与有教益的。除了图 18 中的前两个图案，所有的插图都来自《滚印》一书，这是在芝加哥大学东方研究所工作的亨利·法兰克福最近出版的一本著作，他是在世的研究这一主题的权威。

［33］ *GSG*, p. 4。

［34］ *AS No. 10*。

［35］ 这些是 *CBS* 10400, 15150, 29.13.438, 29.13.536, 29.15.993, 29.16.58, 29.16.463；Ni 4249。

［36］ *SEM* 21。

［37］ 这些行的苏美尔语注音如下：

1. *an ki-ta ba-ra-bad-du-a-ba*

2. *ki an-ta ba-da-sur-ra-a-ba*

3. *mu-nam-lú-lu₆ ba-gar-ra-a-ba*

4. *u₄ an-ni an ba-an-ir₁₀-a-ba*

5. *ᵈen-líl-li ki ba-an-ir₁₀-a-ba*

6. *ᵈereš-ki-gal-la kur-ra sag-rig₇-bi-šè im-ma-ab-rig₇-a-ba*

［38］ 这一文本由朗顿复制于 *PBS X* 4, 16。

［39］ 这些行的苏美尔注音如下：

1. *en-e níg-du₇-e pa na-an-ga-àm-mi-in-è*

2. *en-nam-tar-ra-na-šu-nu-bal-e-dè*

3. *ᵈen-líl-numun-kalam-ma-ki-ta-e₁₁-dè*

4. *an ki-ta bad-du-dè sag na-an-ga-àm-ma-an-sì*

5. *ki an-ta bad-du-dè sag na-an-ga-àm-ma-an-sì*

［40］ 这首苏美尔诗歌的后半部分也被逐字翻译为阿卡德语，作为巴比伦《吉尔伽美什史诗》的 12 块泥版而为人所知；有半个多世纪，这些泥版上的意思一直有模糊不清之处，我们的苏美尔诗歌证实了这一阿卡德语泥版的内容。涉及这一问题的充分讨论将在 F. M. Th. Böhl 的批评性评论 *Het Gilgamesj-Epos*（Amsterdam, 1941）中得见，就是我正在准备的 *JAOS*。

[41] TRS 10.36-37。尽管处理这一名单的时候将其作为安的妻子，表示她的词语是 ama-tu-an-ki（生育了天与地的母亲），显示了她最初的特征。还可参阅 SEM 116 i 16（= TRS 71 i 16），这里女神 Nammu 被描述为 ama-palil-ù-tu-dingir-šár-šár-ra-ke₄-ne，"母亲、女性祖先，她生育了众神"。

[42] 苏美尔宇宙创造的观念和那些在闪族语创造史诗 Enuma elish 中的观念的比较分析，参阅我在 JAOS 63.69-73 中的注释。

[43] 参阅从 SRT 9 和 TRS 21（JAOS 60.412）中重构的辛的赞美诗。

[44] 参阅 HAV 4.8-10。很可能 HAV 4 是史诗传说"Lugalbanda and Mt. Hurrum"的一部分（参阅 SL 321，No.3）；其他泥版与残片属于这一诗歌的是 CBS 7085，29.16.228；OECT I pl. 19（Stevenson tablet）；SEM 20；TRS 90。

[45] 参阅 SEM 21.44-46 及其副本 SRT 39.7-9；还有 AS No.10，p.5，11.45-47，这里的第 47 行将被重构，读为：^{d}utu gán（?）-nun-tae₁₁-da-a-ni。

[46] 参阅基什泥版，1932 年，155（JRAS 62.914-921）ii 2，它可能被其副本 CBS 29.15.364 和 29.16.84 重构，读为：^{d}utu úr-ama-ni-^{d}nin-gal-la sag-íl-la mu-un-du。所有这些文本都是史诗传说《吉尔伽美什与芬巴巴》（参阅 SL 321）的一部分，我现在正在准备一个科学的版本。

[47] 利用泥版与残片重构文本，参阅后面的两条注释。

[48] BBI 4，也记录了由巴顿识别的微量的双语版本（BBI，p.34）。

[49] 这些是 CBS 8176，8315，10309，10322，10412，13853，29.13.574，29.15.611；Ni 2707。下面的组类是"接合"的：CBS 8176 + 8315 + 13853；10309 + 10412。

[50] 诗歌大约包括 313 行，由下面的泥版和残片重构：BL 1；CBS 2244，2284，9804，14026，29.13.7，29.13.189，29.13.223，29.15.35，

29.15.67，291.15.74，29.15.420，29.15.650；Ni 3047，4002；*SRT* 24；*STVC* 92。下面的组类是"接合"的：2244 + 29.15.420；9804 + 29.15.35 + 29.15.74；29.13.7 + 29.15.650。

[51] 诗歌大约包括 308 行，由下面的泥版和残片重构：*BBI* 7；*CBS* 3167，10431，13857，29.13.464，29.16.142，29.16.232，29.16.417，29.16.427，29.16.446，29.16.448；Ni 2705，3167，4004；*SEM* 46；*SRT* 41；*STVC* 125。下面的组类是"接合"的：*BBI* 7 + 29.16.142；13857 + 29.16.427 + 29.16.446 + 29.16.448。

[52] 参阅 *JAOS* 54.418 和 *JAOS* 60.239，注释 15 列出了 11 块泥版与残片。将增加以下 9 块：*CBS* 8531，10310，10335，29.16.23，29.16.436（大学博物馆中的未出版的泥版因此是 5 块，同 *JAOS* 60.239 注释 15 中表述的"至少 6 块"不一样）；Ni 1117，2337，2473，2742（在 *JAOS* 60.239 注释 15 出版之后，两块被我辨认出）。

[53] 诗歌包括了接近 200 行的文本，由下面的泥版和残片重构：*BBI* 8；*BE XXXI* 15；*CBS* 7344，7916，15161，29.15.973；*HAV* 6；Ni 2308，4036，4094；*SEM* 38，54，55，56，57；*SRT* 25，44。下面的组类是"接合"的：*CBS* 7344 + *CBS* 7916 + *SEM* 5 + *SEM* 77；*CBS* 29.15.973 + *SEM* 38。总体而言，我们现在有 17 块属于这一神话的泥版和残片，在 *SL* 322 中 5 号的陈述将被相应修正（9 号导致了这样的事实，4 块残片构成了第一个"接合"，构成这第一个"接合"组的 4 块泥版被作为一个整体计数了，而 Ni 2308，Ni 4036，Ni 4044，*SEM* 38 和 *SRT* 41 这 5 块，直到 *SL* 出版才得到辨认）。这首诗歌的前 70 行被切拉在 *SRT* p.26 ff 中注音与翻译。

[54] 其文本的重构中使用的泥版和残片参阅后面的注释 [56] 与注释 [57]。

[55] *PBS X 1*, 1；参阅朗顿：《闪族神话》，第 5 章。

[56] *TRS* 62；参阅 *JAOS* 54.417；这一文本的 obv. 1 and rev. 1 同 *PBS X 1*, 1 iii 21 and iv 43（两个文本有相当数量的变体）分别一致。

[57] 这些行的苏美尔语注音如下：

1. ^{d}nin-ḫur-sag-gá-ke$_4$ a-šà-ga ba-ni-in-ri

2. a-ša-ga šu ba-ni-in-ti a-^{d}en-ki-ga-ka

3. u$_4$-1-àm itu-1-a-ni

4. u$_4$-2-àm itu-2-a-ni

5. u$_4$-3-àm itu-3-a-ni

6. u$_4$-4-àm itu-4-a-ni

7. u$_4$-5-àm

8. u$_4$-6-àm

9. u$_4$-7-àm

10. u$_4$-8-àm

11. u$_4$-9-àm itu-9-a-ni nam-munus-a-ka

12. ià-?-gim ià-?-gim ià-dùg-nun-na-gim

13. ^{d}nin-tu ama-kalam-ka ìa-?-gim

14. ^{d}nin-sar in-tu-ud

[58] 这儿我们可以有一个《创世记》第三章"禁果"母题的原型。

[59] 这一诗歌的现存文本由如下泥版和残片重构：*CBS* 29.15.38；Ni 4006；*PBS X* 2, 1；*SRT* 44；*STVC* 78-80（这三个残片形成了一个"接合"组类）；*TRS* 36。参阅 *JAOS* 54.413 和 *SEM* p.5，其中进行了相应的修正。

[60] 诗歌由 128 行组成，文本由下面的泥版与残片重构：*BE XXXI* 20；*CBS* 2167, 2216, 4916, 10314, 10350, 29.13.207, 29.15.337, 29.16.

184, 29. 16. 251; *HRETA* 23; Ni 4031; *OECT I* pls. 1-4; *PBS I* 2, 105; *PBS X* 2, 20; *SEM* 81-85; *TRS* 54, 94。还可参阅 *JAOS* 54. 416; *JAOS* 60. 242, 注释 26, 其中 6 号应该标记为 9 号, *SL* 322 NO. 8 中, 21 号应该标记为 22 号。

[61] *PBS V* 25。

[62] *PBS II*, 1。

[63] Ni 4151。

[64] Ni 2724。

[65] 这些行的苏美尔注音如下：

1. *mu-á-mà mu-á-mà*

2. *kug-^{d}inanna-ra dumu-mu-úr ga-na-ab-sì*…

3. *nam-en nam-si nam-dingir aga-zi-ma ḫ^{gis}gu-za-nam-lugal*

4. *kug-^{d}inanna-ke₄ šu ba-ti*

5. *mu-á-mà mu-á-mà*

6. *kug-^{d}inanna-ra dumu-mu-úr ga-na-ab-sì*…

7. *pa-maḫebur-šubur bara-ma ḫnam-sibad nam-lugal*

8. *kug-^{d}inanna-ke₄ šu ba-ti*

[66] 这些行的苏美尔注音如下：

1. *mu-á-mà mu-á-mà*

2. *kug-^{d}inanna-ra dumu-mu-úr ga-na-ab sì*…

3. *nam-nagar nam-tibira nam-dub-sar nam-sumug nam-ašgab nam-lú-? nam-dím nam-ad-ke₄*

4. *kug-^{d}inanna-ke₄ šu ba-ti*

[67] 文本的这些行的重构细节如下：（行的编号是大略的）1—3, 破损；4—30 = *PBS I* 1, I (= A) i; 31—50, 破损；51—65 = Ni 2724; 63—

89 = A ii；90—99，破损；100—144，由重复的段落恢复；145—159 = A iii；160—171，由重复段恢复；172—181，破损；182—234，由重复段恢复；227—270 = A iv；271—285，由重复段恢复；286—305，破损；306—349 = A v；350—367，由重复段恢复；368—391，破损；392—402 = A vi；403—413，破损；413—421 = Ni 4151 obv.；413—824 = *PBS V* 25。

[68] 卢浮宫泥版在 *TRS* 71 中出版；大学博物馆泥版，参阅注释 [69] — [71]。

[69] *PBS X* 4, 14。

[70] *SEM* 116。

[71] *CBS* 2168。

[72] 文本行的重构细节如下：1—35 = A (= *SEM* 116 + *PBS X* 4, 14 + *CBS* 2168) i；6—21 = B (= *TRS* 71) i；35—63 = B ii；58—136 = A ii, iii, iv；84—104 = B iii；115—132 = B iv. 参阅 *SL* 322 NO.6 和 *JAOS* 54.418，其中有相应的修正。

[73] 这些行的苏美尔注音如下：

1. ama-ni（!）mud-mu-gar-ra-zu ì-gál-la-àm ? -dingir-ri-e-ne kéš-da-ì

2. ša-im-ugu-abzu-ka ù-mu-e-ni-šár

3. sig$_7$-en-sig$_7$-dùg im mu-e-gur$_4$-gur$_4$-ri-ne za-e me-GIM ù-meni-gál

4. ^{d}nin-ma ḫ-e an-ta-zu ḫé-ag-e

5. ^{d}nin-? ^{d}šu-zi-an-na ^{d}nin-ma-da ^{d}nin-bara ^{d}nin-bara

6. ^{d}nin-zadim ^{d}sar-sar-GABA ^{d}nin-nigín-na

7. tu-tu-a-zu ḫa-ra-ab-gub-bu-ne

8. ama-mu za-e nam-bi ù-mu-e-tar ^{d}nin-maḫ-e ? -bi ḫé-kéš

9. …dù-dù nam-lú…-ke$_4$ nam-lú-lu$_6$-àm…

[74] 闪族诗歌同其苏美尔原本的更多细节上的比较，参阅我在

JAOS 63. 69-73 中的注释。

［75］参阅 *ATU* 14。

［76］这一史诗的文本，已知巴比伦语的名字是 lugal（或者 lugal-e）-u₄-me-lám-bi-nir-gál，由以下的泥版和残片重构：AO 4135（= *RA* 11. 82）；*BE XXIX* 2，3，6，7，8，10，13；*BE XXXI* 8，32；CBS 1205，2161，2166，2347，7842，7994，8243，13876，15086，29. 13. 583，29. 13. 699，29. 16. 223，29. 16. 422，29. 16. 439，29. 16. 453；K 133（= *ASKT* pp. 79 ff.；副本，参阅 *ATU* 14，p. 264）；K 1299（= *ATU* I 4，p. 361）；K 2862（= 4*R* pl. 13 + 增补）；K 2863（= 4*R* pl. 23，no. 2）；K 2871（= *MVAG VIII* pl. 13；cf. pp. 676 ff.）；*KAR* 13，14，17，25，363；Ni 1183，2339，2743，2764；*SBH* 71；*SEM* 25，32，36，38；*SRT* 18，20，21；VAT 251（*KGV* pl. 60）。其中 30 块得以出版，还有 19 块未出版，这 49 块现在应该被放在史诗中的适当位置。下面数块应该属于这一史诗，但其位置仍不确定：CBS 8476，10321，13103，15088，15120；*BE XXIX* 12；K 4827（= *MVAG VIII* pl. 1）。参阅我在 *JAOS* 60. 239 中对 *BE XXXI* 9 的注释。下面的组类是"接合"的：29. 16. 242 + 29. 16. 439；CBS 1205 + *BE XXIX* 8；CBS 7842 + *SEM* 38。特别有意义、令人满足的是 *BE XXIX* 2 和 3 的位置，它们描绘了宁努尔塔成功地摧毁了库尔之后，不幸降临到"大地"上，它们大约开始于史诗的 261 行。作为这一史诗（*SEM* p. 3）的部分涉及 ᵍⁱˢal 文本的列表的错乱之处，参阅我在 *JAOS* 60. 239 中的注释 15。

［77］参阅 *SL* 321 No. 9 和 *BASOR* 88. 7。对于 EBih 的修正阅读，参阅 *RA* 31-84 ff。

［78］这些是 *PBS X* 4，9；*PBS XII* 47；*SEM* 90，103，106，107，109；*STVC* 42。

［79］这些是 CBS 4256，29. 16. 32；Ni 2711，3052，4042。

[80] *PBS V* 22-24。

[81] *BE XXXI* 33-34。

[82] *SEM* 50, 49, 48。

[83] 参阅 *RA* 36.78 中 10 号与 11 号；12 号将在 *SLTN* 中出现。

[84] 对于 13 号，*BASOR* 79.22-23；14 号，参阅 *SL* pl.10。

[85] *SL* 294-314。

[86] *RA* 34.93-134。

[87] 以下是图 20 标记为 8 号的段落的注音与翻译，其中包括了这首诗歌的开头。

1. *an-gal-ta ki-gal-šè geštug-ga-ni na-an-gub*

2. *AN an-gal-ta ki-gal-šè geštug-ga-ni na-an-gub*

3. ^{d}*inanna an-gal-ta ki-gal-šè geštug-ga-ni na-an-gub*

4. *nin-mu an mu-un-šub ki mu-un-šub kur-ra ba-e-a-e$_{11}$*

5. ^{d}*inanna an mu-un-šub ki mu-un-šub kur-ra ba-e-a-e$_{11}$*

6. *nam-en mu-un-šub nam-nin mu-un-šub kur-ra ba-e-a-e$_{11}$*

From the "great above" she set her mind toward the "great below",

The goddess, from the "great above" she set her mind toward the "great below",

Inanna, from the "great above" she set her mind toward the "great below".

My lady abandoned heaven, abandoned earth, to the nether world she descended,

Inanna abandoned heaven, abandoned earth, to the nether world she descended,

Abandoned lordship, abandoned ladyship, to the nether world she descended.

在至上她决心向至下进发，

女神在至上她决心向至下进发，

印南娜在至上她决心向至下进发。

我的女神放弃了天空，放弃了大地，

她降下冥府去，

印南娜放弃了天空，放弃了大地，

她降下冥府去，

放弃统治，放弃身份，

她降下冥府去。

下面是13号标记段落的注音与翻译，描绘了女神之死：

1. kug-^{d}ereš-ki-gal-la-ke$_4$ ^{giš}gu-za-na i-ni-in-tuš

2. ^{d}a-nun-na di-kud-imin-bi igi-ni-šè di mu-un-ši-in-kud

3. i-bí mu-ši-in-bar i-bí-úš-a-kam

4. inim-ma-ne-ne inim-LIPIŠ-gig-ga-àm

5. [munus]-tu-ra uzu-níg-sìg-šè ba-an-tu

6. uzu-níg-sìg-ga ^{giš}kak-ta hi ba-da-an-lá

7. u$_4$-3 gi$_6$-3 um-ta-zal-la-ta

The pure Ereshkigal seated herself upon her throne,

The Anunnaki, the seven judges, pronounced judgment before her,

They fastened their eyes upon her, the eyes of death.

At their word, the word which tortures the spirit,

The sick ["woman"] was turned into a corpse,

The corpse was hung from a stake.

After three days and three nights had passed,

圣洁的埃里什基加尔端坐在自己的宝座上，

恩努纳济，七位判官，在她面前宣判，

他们用眼睛盯牢她，死亡之目，

以他们的话语，折磨着灵魂的话语，

……脆弱的女人被变成了一具尸体，

尸体被悬挂于刑柱上。

三天三夜过去了，

然后诗歌继续表现印南娜仆从的努力，宁舒布尔，要请诸神带回她的生命。恩基干预了，印南娜复活了。复活段落的最后3行如下：

1. 60 *ú-nam-ti-la* 60 *a-nam-ti-la ugu-na bí-in-šub-bu-uš*

2. ^{d}*inanna ba-gub*

3. ^{d}*inanna kur-ta ba-e$_{11}$-dè*

Sixty times, the food of life, *sixty times*, the water of life, they sprinkled upon it (Inanna's dead body),

Inanna arose.

Inanna ascends from the nether world.

六十次生命之食，六十次生命之水，

他们撒在其（印南娜的死尸）上，

印南娜复活了。

印南娜从冥府升起来。

[88] *PBS V* 1。Poebel 的注音、翻译和注释，参阅 *PBS IV* 1, pp. 9-70。

[89] *SEM* 58。切拉的注音与翻译，参阅 *SRT*, pp. 14-23。

[90] 该文本从 *SEM* 92-93 与 *SRT* 3 中重构。

补充注释

[a] 公元前2000年被确定为刻写在泥版上的苏美尔文学作品的时

间。根据最近的研究成果，应该减少大约 250 年，该研究指出因为汉谟拉比——美索不达米亚编年史中的一个关键角色，该年代应该判断为大约公元前 1750 年。

[b] 苏美尔文学泥版与残片的数量现在已知大约有 5000 块，而不是 3000 块。其中有近 4000 块来自尼普尔，这里要包括大学博物馆和东方学会最近（1948—1952 年）联合探险发现的泥版。1955 年秋天，我对弗雷德里希-席勒大学（耶拿）的希尔布莱克特文库中的苏美尔文学泥版进行了研究，并且在 1957 年再次进行了研究。具体细节请参看研究"Sumerische literarische Texte in der Hilprecht-Sammlung"（*Wissenschaftliche Zeitschrift der Friedrich-Schiller Universität Jena*，1955/6，pp. 753-763），以及《历史起源于苏美尔》（见下面的注释）第 226—236 页。希尔布莱克特文库的第一卷包括最重要的 57 块泥版及残片，将在不久的将来由弗雷德里希-席勒大学和德国科学学会负责出版。来自乌尔的泥版，我在伦敦期间有所了解，数量超过 400 块。近年，C.J. 加德已经复制了其中的大部分，几年内将出版。

[c] 苏美尔文学作品的出版，比起《苏美尔神话》（1944）出版时的计划，已经采取了不同的形式。因此我认识到，无论一个人的学术精力多么旺盛，苏美尔神话、史诗传说、赞美诗、哀歌、散文、谚语集，包括带有注音、翻译和注释的泥版副本和图片，这些的每一个选定版本，不可能凭一人之力完成，尤其是因为这些作品的许多文本是由搜集于遍布于世界各地的博物馆的若干独立泥版与残片拼接而成的。到现在为止，我已经出版了如下几个方面的精细研究：(1)《恩基与宁胡尔萨格：一个苏美尔天堂神话》；(2)《印南娜下冥府》；(3)《印南娜与比鲁鲁》（与多基尔德·雅各布森合作）；(4)《杜姆兹与恩启姆都：向印南娜求婚》；(5)《恩美卡与阿拉塔之王》；(6)《吉尔伽美什与人世》；(7)《乌尔毁

灭的哀歌》；(8)《学校时代》。另外，我还对许多小块泥版进行了研究。完整的书目细节，请参见我的《苏美尔文学：一个概览》，收入奥尔布赖特纪念文集，现在即将出版。即将面世的两个苏美尔作品的重要版本是《恩基与世界秩序：大地的组织及其文化进程》和《普希金博物馆泥版的两首哀歌》，准备作为近期访问苏联的一个成果，我亦已经概括了内容，并从我的《苏美尔泥版》（1956）中引用了大量苏美尔文学作品的翻译，这本书的修订与扩展版命名为《历史起源于苏美尔》（1959）出版。近年，我还组织了几个更为年轻的学者，在我的指导与帮助下，准备给大量苏美尔文学作品做定版的工作。罗马宗座圣经学院的伯格曼神父已经准备刊行《宁努尔塔的功业与开拓》（见《苏美尔神话》，第79—83页）、《宁努尔塔赴尼普尔归来》，还有规模巨大亦重要的《神庙赞美诗集》。罗马大学的G.卡斯特里诺已经出版国王舒尔吉的两首赞美诗，还有《乌图的赞美诗》。大学博物馆原助理研究员埃德蒙·高登博士已经准备出版大部分的苏美尔箴言。对于所有这些学术活动的成果，我计划结集成一卷出版，标题为《苏美尔文学：代表性侧面》，其中只包括对重要的苏美尔文学作品的注音。总体而言，这应该可以证明对人文学者、文化与文学专业的学生具有基础性的价值。

[d] 许多重要的苏美尔题铭发现是在战争年代完成的，然后在哈马、乌卡尔和尼普尔也有发现，参见我的《战时伊拉克发掘》（University Museum Bulletin, vol. XIII, No. 2, pp. 1-29），还有《仁慈、智慧和公义：尼普尔的一些新文档》（University Museum Bulletin, vol. XVI, No. 2, pp. 28-39）。

[e] 关于一个苏美尔赞美诗材料的完全代表性侧面，可参见亚当·法尔肯斯泰因的 Sumerische und Akkadische Hymnen und Gebete（1953）；还可参见我的评论 Bibliotheca Orientalis（莱顿），卷 XI，第170—176页。

[f] 关于苏美尔智慧文学的细节性和启发性概括，参见 E. I. Gordon

的研究"A New Look at the Wisdom of Sumer and Akkad",即将在 *Bibliotheca Orientalis*（莱顿）的发行物上发表。

［g］除了讨论的"目录"泥版之外，现在还有不止六个"目录"；参见"Götter-Hymnen und Kult Gesänge der Sumerer auf zwei Keilschrift-'Katalogen' in der Hilprecht Sammlung"（*Wissenschaftliche Zeitschrift der Friedrich-Schiller Universität Jena*，1956/7，pp. 389-395）以及即将面世的"Hilprecht Sammlung"苏美尔文学文本卷的53—55号导论，见注释［b］。

［h］年代断为乌尔第三王朝和古苏美尔时代应该是早了大约一个世纪，见注释［a］。

［i］对于苏美尔文学对《圣经》的可能影响，见我的《苏美尔文学与圣经》，载 *Studia Biblica et Orientalia*，卷III，1959年，第185—204页。

［j］对于这首诗歌中该情节的一个修正以苏美尔神话写作完成时还未知的泥版为基础，见我的《吉尔伽美什：一些新的苏美尔资料》，载 the Septième Rencontre Assyriologique Internationale 会议记录，现即将出版。

［k］"问题与回答段"现在差不多得到了完全的恢复；细节可参见我的《苏美尔文学文本中的死亡与冥府》的注释16，载于即将完成的伊拉克卷，献给列奥纳德·伍利。

［l］因为其支离破碎的状况，诗歌的前7行在《苏美尔神话》中完全被忽略了，现在通过注释［i］中提到的文章将被重构注音与翻译。

［m］普希金博物馆的泥版上刻写着两首哀歌，见注释［c］。我们首次了解到苏美尔的思想家们对太阳持有这样的观念，即日落后，太阳在夜晚的冥府继续其旅程，可以说毫不休息；月亮亦是如此度过其"休息日"，即每月有28天在冥府。

［n］这个神话的第一部分的一个修正解释出现在《历史起源于苏美尔》的第84—86页。

[o] 多基尔德·雅各布森在《近东研究学报》第 5 卷中提供了一个翻译，同我的翻译有着明显的差别，他还得出结论：人在地表之下"发育成熟"后，通过恩利尔在地壳顶部凿开的洞，从地底"向外发射"出来。他的有关诗行的翻译是相当不错的，我希望能将其带入对这一作品的未来研究之中。

[p] 这一神话的一个完整版本将被确立在《东方研究美国学派公告》的一号补充研究上；也可参见 Ancient Near Eastern Texts Relating to the Old Testament（James Pritchard, Editor），第 37—40 页。

[q] 这一神话的选定版即将发表在 Wissenschaftliche Zeitschrift der Friedrich-Schiller Universität Jena，见注释 [c]。

[r] 对于这一赞美诗式的神话的翻译，现在见 Adam Falkenstein 的 Sumerische und Akkadische Hymnen und Gebete，第 133—137 页。

[s] 人的创造的另一个版本，多基尔德·雅各布森另有说法，见注释 [o]。

[t] 这一神话的修订版现见《历史起源于苏美尔》，第 172—174 页。

[u]《印南娜下冥府》的修订版本见《楔形文字研究学报》，卷 5，第 1—17 页。关于许多新近得到辨识的泥版残片，见我的《苏美尔文学文本中的死亡与冥府》，收入即将出版的伍利纪念文集，见注释 [k]。

[v] "洪水"泥版由波贝尔出版的那些仍然还没有副本。

[w] "马图的婚姻"泥版由切拉出版，现仍未发现有副本。

[x] 这一诗歌的详细研究参看《楔形文字研究学报》，卷 2，第 39—70 页；参看《旧约》相关的古代近东文本。

附录

古代美索不达米亚的种族与族群

翟纳·巴瑞尼（Zainab Bahrani）
哥伦比亚大学艺术史与考古学学院

唐启翠 译

摘要：所谓种族和族群是一对随着历史和文化的变迁而变化的话语概念。然而，在现代西方话语中，种族和族群是以科学意义上的生物学体征表述呈现的，但古代美索不达米亚人的观念与此不同，他们并没有清楚地用生物学或语言学群体来表述。尽管，他们没有种族或族群观念，他们的确在以一种不同的方式思索和表述。本文展示了美索不达米亚人自身如何看待变异或差异，并对他异性作了两方面的阐述。

关键词：阿卡德人；差异性（变化）；亚述人；巴比伦人；族群；帝国主义；美索不达米亚；东方主义；种族；表象/表征；苏美尔人

与美索不达米亚相关的种族和族群研究

种族和族群是运用于考古学中的分类学范畴，但绝不意味着有广泛认同的确切定义。古代美索不达米亚人在其语言系统中没有这样的术语，甚至没有与此对应的词语。然而，这并不意味着当代考古学不会使用这些分类范畴来研究古人。不过，现在的文章已引起人们注意：在解释历史的时候，对自己的研究方法及分类范畴的潜在影响要时刻保持反省和清醒。美索不达米亚的考古学兴起于19世纪中期英国和法国殖民势力扩张到两河流域的时候。早期的考古学家们都是来自法国和大英帝国的殖民政府官员。对美索不达米亚的最初解释也就因此而深受当时流行的地理政治利益和种族理论的影响。因此，关于美索不达米亚种族的定义也就是特定时空中的产物。（Bahrani 2003，Bohrer 2003）同样的，今天，我们自己对种族和族群的阐释，也是我们自己当下利益关系和愿望的产物。

因而，本文信赖一个前提，即种族和族群作为一个分类范畴，不能以任何一种绝对和科学的方式来定义。族群被归于特定人群通过分享他们自己祖先所留下的神话、宗教信仰或语言而达到群体或他者或自我归属的认同。换句话说，种族或族群的现实性——如果人们在此语境中可以使用现实性的话——是交杂着主观的，而非绝对的，它是变化的关系。

而且，种族和族群作为建构在特定时空背景下的分类学范畴，是可以而且应该被历史化的。因此，本文在使用这些出现于美索不达米亚考古学实践领域和文献中的术语时，会率先采用编年史的方法。同时，本文还致力于展示美索不达米亚人自身如何看待变异或差异。尽管，他们没有种族或族群的概念，他们的确在以一种不同的方式思索和表述。因此，本文致力于对他异性（或差异性，alterity）作了两方面的阐述：其一，是19世纪以来欧洲种族主义影响下的美索不达米亚研究；其二，是美索不达米亚文本和视觉艺术表征中对他异性的表述。本文认为这两个方面可以视为关于他者的话语表述。

美索不达米亚考古学中的种族理论

自从 19 世纪以来，种族和族群作为分类范畴就应用于古代美索不达米亚的研究之中了。早期欧洲学者所写的关于美索不达米亚的文章中，种族是一种以物质文化和语言为标准来区分人群的分类方法。

近东考古学中的这种生物学分类范畴的出现，基于欧洲 18 世纪晚期到 19 世纪以来的知识背景。当帝国主义在东方迅速膨胀的时候，文化和文明的发展，以及地理区域与种族群体关系的理论，被建构了起来。当时，关于超越欧洲以外的历史和当代世界的专门知识的兴起，以及这种知识被纳入大学课程，无疑地都与种族理论的发展联系在一起。（Bahrani 2003：13 - 49）这种理论不仅弥漫于当时学术思想的各种领域，而且作为一种世界文化的科学框架形成了实际上的分类和组织的基础。（Said 1978：227）19 世纪末，物质文化，包括艺术品，成为一种区分和确立民族认同和全球文化体系的分类方式。在考古学内部，仅把物质文化和种族群体等同（综合）起来视为好的科学的方法论。当语文学和语言学将语言运用的术语、方法等组织在一起的时候，人种差异与物质文化产品就进入族群索引式的分析系统中了。这种具有纪念碑意义的种族分类模式的一个极好例子，就是就职于大英博物馆的建筑考古学家詹姆森·弗格森（James Fergusson）的著作，在其出版的大量著作中，有一本涵括世界建筑的作品。在这本著作中，他清楚地表达了其方法论就是将建筑风格和种族群体联系在一起，并配以历史地理图表。（Fergusson 1865）同时代的其他学者的写作也按照科学的方法将人工制品（物质文化）与种族联系在一起。（Bahrani 2003：13 - 49）

今天，种族理论为从事古代近东研究的大多数学者所抵制。尽管人们也普遍认为文化观念、文化发展阶段论和种族主义在19世纪的历史学与考古学中是互相依赖的。在当时，古代近东被纳入全球历史发展的框架中，这种欧洲叙事中的文明单线进化的全球历史发展观自然在现代欧洲达到其顶点。许多从事殖民主义和后殖民主义理论研究的学者分析认为，学院派知识在文化和种族问题上充当了欧洲殖民主义历史的同谋，而且，新的考古学也不例外。(Asad 1973; Cliffod and Marcus 1986; Fabian 1983; Said 1978; Spivak 1985, 1987, 1993; Young 1990, 1995)

在许多方面，美索不达米亚考古学是作为东方殖民事业的完整而又有意义的一部分率先发展起来的。美索不达米亚考古学与英法帝国在该地区的地理政治利益的关系，在早期奥斯曼伊拉克(Ottoman Irag)帝国开拓者的著作中是不加掩饰的，如奥斯汀·亨利·莱瑞德和保罗·埃米尔·鲍特的信件与著作都说得非常清楚，开拓美索不达米亚就是为了其帝国的利益。尽管，美索不达米亚考古学学科是随着帝国殖民者的足迹而发展起来的，但并没有因此成为一个严谨的、没有疑虑的他者话语，而是作为文明西方的古代遗物之比喻而存在的一个野蛮东方的历史话语。在世界历史地图上，美索不达米亚作为西方历史源起和同时代其他民族历史的记忆而占据一席之地。(Bahrani 1998)

考古学和殖民话语的关系已经在许多考古学家中引起争论，近些年来，已成为考古学学科历史和实践书写中自我反省的一部分。因此，任何关于种族和族群这两个运用于美索不达米亚考古学中术语的讨论，都必须首先回到该学科研究领域的历史语境中来。古代近东知识系统中的种族概念，不能超越于19世纪人种进化文明观的社会政治框架。(Bahrani 2003: 13 - 49)如果我们认为这后一种观点是正确的，我们就必须承认古代也存在种族话语，那么我们也许可以，也许不可以通过考古学的、视觉的（或图像学的）和历史记录的方式来接近它，（如果这样，我们）

也必然会遭受历史书写的批判。在本文中，我将坚持认为种族和族群是两个不断变化的概念，而且，在现代西方，种族以及稍后出现的族群，是以科学意义上的生物学体征表述呈现的，但古代美索不达米亚人的观念与此不同，他们并没有清楚地用生物学或语言学群体来表述。

将现代的群体区分运用于古代美索不达米亚种族或族群区分来自现代知识的地位。作为一种分类工具，它应被视作一种理解历史发展和年表，以及艺术风格差异和物质文化的方法论。然而，我们必须清楚，将美索不达米亚知识条块分割成的这些范畴不一定符合古代美索不达米亚人的观念和分类范畴。美索不达米亚人或许的确区分了自我和他者，但这种差别并非生物学意义上的差异。

古代美索不达米亚人在其科学的或医学的语境中或者对其他地方居民的描述中，从来没有"种族"这个范畴。种族，正如其用于生物学分类或被18世纪末19世纪初欧洲、北美现代科学理论所阐明的那样，并不是美索不达米亚人在其自身环境或背景中用来区分民族的方法。我们知道，美索不达米亚人讲着各种不同的语言，从某种语言学意义上来看，这些语言甚至互不相关。然而，这并不暗示着在其早期或后来的书写文献中，美索不达米亚人曾经按语言来划分种族。

种族不作为一个术语出现于古代美索不达米亚，也没有成为自我和他者的表述而存在于各个时期的文本和视觉艺术中。但是，外族的观念仍然在以立体的而非纯生物学的术语出现。他异性也是通过行为来表现的。通常的关于野蛮和文明的二元分类法在古代文献（文本、记录）中表露无遗。标准行为虽被确立，但与标准相偏离的行为也作为阶级、性别，甚至是魔力或神力的结果而随处可见。同样，奴隶制虽然存在，但奴隶的身份并非一个种族范畴。他异性当然与社会群体相关，但并不必沦落为完全的种族碑铭。

苏美尔人问题

20世纪上半叶,种族理论在美索不达米亚知识体系中非常显著。许多致力于美索不达米亚研究的语言学者、艺术史学者和考古学者纷纷转向种族区分,目的就是创造类似科学分类的文化分类范畴和编年史范畴。这种对种族主义依赖的蛮荒不可知性比关于美索不达米亚第一居民的身份和起源,以及世界上最早的书写体系的发明者——苏美尔人的争论更显而易见。(Emberling 1997;Potts 1997;Bahrani 2003)

由于当时,单线叙述的世界历史占据主导地位,书写发明的地位被置于文明进程之源(文字的产生是文明的源头)。文明进程的终极目的在现代西方,因此,该先进技术的第一个发明者的身份被认为与西方历史的源头有关。在这种语境中,苏美尔语写就的楔形文字手稿的初始发明者的身份鉴定就变成了种族讨论的主题。

最早的书写文献于1928—1929年发现于伊拉克南部古城乌鲁克。在乌鲁克发现了1000余片记载着经贸交易的泥版。尽管,苏美尔语显身于这些早期的文本之中,但是,一些语言学家认为手迹的实际语言可能不是苏美尔语,而可能是另有一种已经离我们远去的语言,只不过在后来退而求其次地选择了苏美尔语。比如,吉尔伯(I. J. Gelb)在其《书写研究》中提到"X-elment"(1952:63)作为族群发明书写的原因。关于这尚未可知的早期族群的观点基于一些专业术语和工具的识别上,语言学家们认为这些专业术语和工具不属于苏美尔语。"X-element"发明书写的观点率先出现在吉尔伯的著作中,并且,时至今日仍继续出现于一些古代近东的文本中,尽管明确有力的论据已经不再出现。然而,大多数语言学者已然不再坚持这种观点了。(Bottéro 1992)

同时，20世纪早期，古代美索不达米亚的艺术史家认为美索不达米亚的雕塑群是种族的直接反映（Potts 1997；Bahrani 2003）。在主要的艺术史家如安东·莫加特和亨利·法兰克福的作品中，种族作为一种雕塑风格发展历程的分类方式贯穿始终。当然，最近几年来，诸如此类的分类范畴不再作为种族术语显式地被描述，而是作为方法论的痕迹而存在。举例来说，在亚述学家和美索不达米亚考古学家基于广泛的客观经验观察而写就的《亚述物质百科全书》（*Reallexikon der Assriologie*）中，关于饰头巾（Kopfbedeckung），也即头饰的一章，将头饰的种类作为族群分类的视觉表征。（Boehmer 1980）细心考索该方法就会发现这些论点经常是循环的。一个具体头饰的出现被考古学家们当成一个种族或族群区域存在的证据，尽管尚存疑问。并且，同一个头饰类型又被当作同一个族群的指示性特征而进行图像归类。比如，"胡里安人头饰类型"（Hurrian headdress type）便是一种类型，然而根据其他标准，无法辨认该头饰的对象是胡里安人。并且，当这种头饰类型在其他地方被发现时，考古学家们可能基于此种浮雕图像的存在而视之为胡里安人。这里文章所选取的例证是该领域方法论错误的一部分，在此之前，我曾拿它来引起人们注意：考古学家经常错误地直接将视觉表征当作日常生活和历史事实的证据。（Bahrani 2001）图像可以被当作真实存在的标记的观点，在艺术史理论和哲学象征中是不受欢迎的。因此，图像表征本身存在的问题也应该引起那些致力于图像中的族群研究者的关注。苏美尔人和阿卡德人艺术的分类直到今天仍然是艺术史的标准方法，尽管这种分类在种族术语中已不常见了。这种细分是建立在与发现地的形式和风格密切相关的基础上的。

最后，20世纪后期，种族作为两河流域知识体系中的文化建构而出现。然而，族群继续被当作科学的分类范畴，一种可以信赖的严格的经验主义观察方式。有意思的是，当大多数美索不达米亚考古学家认为，性别是一个对过去施加影响的现代范畴时，他们更可能看到的是族群作为一种超越编年史和跨文化的现实，即性别是身体话语，而族群是认同话语。

20世纪后半叶，美索不达米亚研究界极力拒绝种族主义，先前被接受的语言中那些直接和族群相关联的观念受到质疑。然而，人们依旧认为语言和族群相关。由于这种标签式的观念，人们认为物质文化群一定和族群相关联，而族群更会以某种具体的方式创造特定类型的物体或者去装饰它。在某些方面，当种族观念开始失去影响的时候，族群观念就取而代之。语言、物质文化和符号（象征）继续作为族群的标记而存在，只不过这些标记是被动地去反映考古学家记录中的族群的存在。

族群依旧普遍地作为创造年代史的方法而存在。考古学家们以此类划分将哈苏纳（Hassuna）、哈拉夫（Halaf）、欧贝德（Ubaid）和乌鲁克（Uruk）视为可据彩陶类型和其他物质产品识别的史前族群而提及。在历史上，苏尔美人（Sumerian）、阿卡德人（Akkadian）、阿摩利特人（Amerite）、卡塞特人（Kassite）、胡里安人（Hurrian）、亚述人（Assyrian）和波斯人（Persian）是考古学家们分类范畴的范例。考古学家们认为，这是一些有种族意识并能将其明确融入其物质产品中去的人群。在考古学实践中经常有未经阐明的假设，认为族群就反映在族群的物质产品上，这些物质产品的分散正是族群存在或迁徙的证据。乌鲁克类型的斜边口缘碗和碑匾在该地区多处的出现，是族群迁徙踪迹的两个例证，这些碗和碑记录着公元前4000年末到公元前2000年初，亚述人在安纳托利亚（Anatolia）的卡鲁姆（Karum）河畔的殖民贸易。

将关注焦点放在族群理论上的考古学家们认为，族群是一种归属而不是一群个体的人（Emberling 1997；Emberling and Yoffee 1999；Yoffee

1990）。有时，族群是被外族强加的。在殖民地，殖民者常常根据其所认知的部落或族群来细分本土民族。或者相反，族群是一种被一群人以政治认同的自觉意识而构建的。古代美索不达米亚的情况与此有相似性吗？

古代美索不达米亚的其他方面的研究

关于古代美索不达米亚种族意识的最初争论，是基于两河流域的人们经常讲多种语言这样一个事实。公元前第三千纪，苏美尔语和阿卡德语就存在并被使用了，但是，当苏美尔人被考古学者们当作一个族群的名字或一个种族术语使用的时候，并没有证据表明古代在此有这样的种族区分。说苏美尔语或阿卡德语的人在古代文献记载中也没有被当作种族或族群来加以区别。当苏美尔和阿卡德被当作地理区域术语和语言术语使用的时候，这里没有一个类似的或变体的词可与该族群相对应。即使是详尽地搜罗所有古代文献寻找此类词语，也无法找到它们如此使用的证据。（Kraus 1970；Emberling 1997）古代美索不达米亚语言没有与种族或族群相对应的词，从而消解了现代观念中种族划分所依赖的种族归属的主要形式之一。同样，我们也不要期望物质文化会与语言相符合。（Renfrew 1987；Yoffee 1990；Emberling 1997）

阿卡德人和苏美尔人被置于同闪族人（Semitic）及非闪族人（non-Semitic）平行（并联）的文明源起者的位置上，但仔细研究讲阿卡德语和苏美尔语人群的差异，会发现这与古代居民自己的观点不相符合。让我们来看看一两个经常被当作古代美索不达米亚族群差异存在证据的人群的名字。首先，我们有诸如"黑头人的土地"之类的表述，这样的表述法适用于北方和南方，甚至适用于所有被我们叫作美索不达米亚的居民。"黑头人"不是一个为某一个族群或讲某一种语言的人群而预备的词，而是苏美尔人和阿卡德人所共同使用的表达法。后来，又为所有生活于这块土地上的人所使用。在新亚述时期，亚述王塞纳克里布使用此词指涉那些从北到南（从地中海到海湾）顺从于他的子民们。另一方面，美索不达米亚与其近邻——游牧民族之间则有着明显的差异。那些游牧民族因为没有城市化而被描述成野蛮人，并被认为是对定居社会的威胁。（Schwartz 1995）

在一个公元前第三千纪末的文字文本《亚甲/阿卡德的诅咒》（*The Curse of Agade*）中，游牧的古提人（pastoralist Gutians）被描述为："非我族类居无定所，虽有人类本能，但却类犬与猴性特征（或却尚存兽性）。"（Cooper 1983：31）另外，在另一本著名的《威德纳编年史》（*Weidner Chronicle*）中，他们被描述成为这样一种人：从来不知道如何去敬畏神，不知如何适当遵守和践行礼仪。（Schwartz 1995：250）这些对未开化的游牧民的描述与美索不达米亚之外的人，如安纳托利亚或伊朗的描述显然有着天壤之别。看来似乎其他地方的城市居民接受美索不达米亚人要比接受游牧民更容易一些。另外，上引文本写于阿卡德王朝衰落之后，被其视为野蛮和不开化的入侵者已经成了这片土地的王，因此，在诸如《亚甲/阿卡德的诅咒》这样的作品中不可能用富有同情心的词汇来描述它。

许多古代部落名或地名作为族群存在的证据而被引用。阿摩利特人（Amerite）、胡里安人和米坦尼人（Mitanian）是此类词语的极好例证。然而，仔细研究，我们可以看到这些现代知识体系下的族群名称范畴是极为有问题的，这些名称在古代既没有得到一致认同，也没有一个清晰的含义。比如，阿摩利特，在许多地方出现时仅意指西方人。"阿姆鲁"（Amurru）一词，也仅仅指向一个地理方位。这里没有证据表明阿摩利特有书面语言，有宗教和神话。这里也没有列举阿摩利特人的体征。从而，何谓阿摩利特是非常模糊的。(Whiting 1995) 阿米萨杜卡（Ammisaduqa）和莎玛什-阿达德（Shamshi-Adad）王国的祖先们被描述成阿摩利特人，就像《圣经·列王记》中以帐篷为居所的人。换句话说，阿摩利特人被描述成游牧民和非城市居民，即其文明程度还没有达到美索不达米亚的标准。在巴比伦的文献记载中，也强调了阿摩利特人的未开化性：

  披羊皮，住帐篷，风吹雨淋；

  不知献祭牲，歆亨神灵。

  流浪草原，掘草啖肉，

  终生漂泊，无家可归，

  当死亡来临，没有丧葬仪式，安顿魂灵。

（Van-De Mieroop 2004：78）

  然而，关于阿摩利特人身份、阿摩利特王朝和阿摩利特制度的观念，仍然被美索不达米亚知识系统部分吸纳。但怀汀（Whiting）认为阿摩利特不是一个可被界定的关乎体质和文化特征的词，道弥尼克·查宾（Dominique Charpin）认为古巴比伦时代应该被阿摩利特时代取代。(Charpin 2003，2004)

  到了公元前第一千纪时，更多的视觉艺术，特别是新亚述时期的浮雕艺术，经常被当作种族差异描述的资料引用。(Wafler 1975；Cilarelli 1998) 人们认为，与己不同的敌人的体征，在亚述人的浮雕中表现得很清楚，但是，亚述人的记录谈论到种族或人种的差异吗？

  公元前第一千纪的亚述宫殿石墙上雕刻着宫廷仪式、狩猎和战争的图画。许多亚述宫殿浮雕都表现了帝国征服这片土地时的情形。生息于该片大地上的民族、军队和统治者皆有详细的描述，并用现实主义手法描述了周围地貌环境。然而，并没有尝试用自然主义的或真实的手法来描述人们的脸部特征或身体特征，既包括亚述人也包括外国人。亚述浮雕的现实主义风格仍然让许多人把它当作历史信息的资源，因此，唤起人们注意到这些雕刻不是时人感知的模拟记录，而是图像传统和王朝盛德再现的复合物，就显得非常重要。

随着亚述帝国在公元前第一千纪之初的兴起，亚述军队开始向东西扩张。他们经常驱逐被征服者。（Oded 1979）年表详细记载了战役的细节，提供了一个不同于早期文本的现实主义的书写文本。战役的账目描述了从外国土地上所获得的战利品，并经常将敌人描述成行为举止野蛮而且缺乏宗教信仰以及相关仪式的人。敌人在其笔下是懦弱的、邪恶的和对亚述有罪的不守信誉阴谋反叛亚述的人，但记录却没有将其敌人描述成有着与己不同相貌特征和皮肤颜色的人。

一些文本将敌人描述成野蛮未开化的，但并不一定与地理空间远近相关。举例来说，在描述努比亚人的时候，既没有将努比亚人说成野蛮人，也没有将努比亚人说成与亚述人在体貌上不同的人。在早期，野蛮是用来描述那些没有城市化的游牧民族的。

公元前8世纪到前7世纪时，在浮雕中用现实主义的手法来描写战争呈上升趋势。浮雕上也开始出现铭文，即在图画的旁边铭刻相应的名字以确认特定国王的身份。由于具体到了可辨认的个人，我们就可以看到一个具体的人或一群人是如何被描述的了。这些图像都有一个标准的外观图，无论是个体还是外族群体的特定身份，都通过服饰和头饰而不只是体征的描述展现出来。

一些持反对意见的学者认为亚述巴尼拔（Ashurbanipal）统治时期对努比亚人的描述是个例外。在公元前7世纪，努比亚人被描述为有着短而卷曲的头发，有着特异的面部特征，并且通常在衣服和头巾上扑粉。（Albenda 1982）对努比亚人这类习俗的描述被解释成此一时期亚述浮雕深受埃及艺术影响的结果。（Reade 1983；Kaelin 1999；Collins forthcoming）

在埃及艺术中，努比亚人与亚洲人的体征描述在某种程度上颇具讽刺意味地一致。例如，在阿布·辛贝勒（Abu Simbel，公元前13世纪）拉美西斯二世神庙门口，雕刻着绑缚着和跪状的努比亚和亚洲战俘，这些战俘的面貌清晰可辨。被缚的努比亚战俘雕像因其铭刻于古王国（公元前2675—前2130年）祭庙而著名。新王国神庙里出现了很多异族人的描述。（Leahy 1995）在底比斯的塞提一世（Seti 1，公元前1291—前1279年）墓室里，一幅着色的浮雕表现了四种有着明显不同的脸部特征、头发和肤色类型的人：一个埃及人、一个亚洲人、一个努比亚人和一个黎巴嫩人。（Leahy 1995：227）这与美索不达米亚艺术的描述没有相似性，我们可以从美索不达米亚艺术的描述中看到他们的世界种族复合性观念。在公元前第三千纪到公元前第二千纪的艺术中，战败的敌人经常是描画的对象。他们仅仅因为不同的发型和服饰可以被认为是败兵。有时，外族人表现为肩负像器皿或武器之类的东西，而这些东西显然是安纳托利亚人或叙利亚-巴勒斯坦人的标记。

一般而言，当外族人被普遍地雕刻在新亚述王宫宫墙上的时候，没有服饰风格也没有叙述立场的亚述人与非亚述人之间的体征差异是很难看出的。换言之，我们知道他们是敌人，是因为他们呈现为被监禁、击败和处死等状态。因此，正是失败自身成为雕刻中敌人的表征。

这个标准体型的例子，可以在来自尼尼微的塞纳克里布宫殿（公元前704—前681年）的雕刻上看到。从这些雕刻中，我们可以看到两个来自帝国护卫队的士兵，从体型上看，他们非常相似。这两个士兵有着一样的身高、一样的胡须和一样的脸部特征。然而，右边执矛者来自巴勒斯坦，而左边拿盾者却来自亚述。我们可以根据其服饰和头饰看到这种差异。但是，经过亚述巴尼拔统治时期后，被征服者开始在体征上不一样了，就像可以在埃及战役浮雕（Reade 1983；fig. 99）和埃拉米提斯

(Elamites)或乌尔（Urartians）的描述中看到的一样，面部比例比亚述人要矮壮得多，并且乌尔人有一个大鼻子，与其抢眼的松软的帽子相映成趣。阿拉伯人被描述成正在骆驼背上战斗着的人，但相比长着短而卷曲头发的亚述人，他们却有着长而直的头发。这表明这些变化的出现是受到埃及战争雕刻艺术叙述模式影响的结果。（Reade 1983）阅读亚述巴尼拔的记载可以发现，没有证据表明外族和被征服者被看作有种族差异或者根据面相或生物特征可以看到种族差异。

亚述雕刻以及在亚述帝国扩张高峰期的记载给我们一个很好的提示，即亚述人与外族相遇，并且用亚述话语描述了这些他者。在公元前第三千纪和公元前第二千纪时，有许多关于异族的图像和描述（雕刻和描写），但记录没有随后的新亚述帝国的清晰。看来，早期对自我与他者、城市与游牧、文明与野蛮的区分比较明确，但并没有将所有的异族都描述成野蛮的，负面的描述大多与平原牧民相关。仅在新亚述时期，我们才可以识别出一种完全的优势话语将非亚述人描述成懦弱、邪恶、不虔诚的活该为亚述帝国统治的人。不过，这种差异不论在文本中还是亚述的视觉表征（雕刻）中，都不是根据种族或类来描述的，而只是作为生物的或身体的差异而题铭的。关于他者的讨论似乎也不是身体或面相的。即使是在新亚述时代，差异的地位继续体现在那些被认为缺乏虔诚或野蛮的偏离亚述人正常规范的行为举止上。在帝国扩张的其他一些历史时期，文献记录中的他者讨论变成了战争的正义性、对战俘的暴力和对土地的征服。

苏美尔青金石神话研究

——文明探源的神话学视野

叶舒宪

摘要：人类五大文明的发生期都伴随着各自的玉石神话与信仰。其中最早出现在两河流域的苏美尔文明以青金石崇拜为突出特色。分析20世纪考古学家解译出的苏美尔神话文本，可以从文学中找到重要的历史信息，如以青金石为神性特色的伊甸园生命树之原型，青金石产地阿富汗与苏美尔城邦的贸易关系，青金石神话信仰在古埃及、巴比伦和整个地中海文明中的传播等，据此重构5000年前文明城邦的神权意识形态内容，探索催生文明起源的神话观念动力。

关键词：青金石；苏美尔神话；伊甸园原型；文明起源；文学如历史

项目来源：中国社会科学院重大课题 A 类"中华文明探源的神话学研究"（项目编号 YZDA）；国家社科基金重大招标项目"中国文学人类学理论与方法研究"（项目编号 10&ZD100）阶段成果。

一、文学的历史信息：苏美尔史诗与伊甸园原型

新历史主义的代表人物海登·怀特有一名言："文学如历史。"围绕着这一命题引发出后现代主义历史学及文学批评的热烈争论。文学作品

中真的能有历史信息吗？如何才能有效地解读出此类信息呢？

历史社会学家主张区分史料中的明显信息和隐含信息，并强调发掘隐含信息的重要性。"任何史料中均包含的隐含信息，是拓广历史研究的史料基础的最重要潜力。""在历史资料中包含的隐含信息实质上是无限的，并且由于是无意地、自发地产生的，所以与有意识地载入史料之中的明显信息相比，它常常具有更大的可信性。"[1]晚近的历史人类学研究尤其关注文学作品提供的隐含信息。由于现代学科制度划分而被视为文学一科的作品，如今正在被打破学科界限的新史学和文化研究潮流给予重新认识和评价。而比较神话学提供的历史考证的独特视角，从马克斯·缪勒到杜梅齐尔，也已经成果累累，蔚为大观。神话究竟是文学幻想之虚构（黑格尔、马克思、古史辨派观点）作品，还是以远古传说形式留下来的历史故事（艾利亚德、杜梅齐尔观点）呢？对此疑问，如果没有新兴学科人类学、考古学和民俗学的强力介入，答案必然倾向于前者，即19世纪学者的代表性观点。而20世纪后期对神话的认识，则在上述新兴学科研究的助推之下发生根本改变。① 今人已经意识到，神话虽然不能当成史书来看，但是其中往往潜含着失落的历史事件的线索、影子或消息。德国考古学家谢里曼受荷马史诗的启示而幸运地发掘出特洛伊城遗址，在文学叙事与考古实证之间架设起一道贯通的桥梁。英国的乔治·史密斯从楔形文字泥版中破译出巴比伦的大洪水神话，给《旧约·创世记》的诺亚方舟神话找出更早的原型。这些成功的努力大大激发了学者们在神话传说中寻求"真实"的后续工作，也使得"神话考古学"

---

① 参看以下四书：Gimbutas Marija, *The Civilization of the Goddess: The World of Old Europe*, San Francisco: Harper SanFrancisco, 1991. Lancellotti Maria Grazia, *Attis between Myth and History: King, Priest, and God*, Leiden; Boston, MA: Brill, 2002. Liverani Mario. *Myth and Politics in Ancient Near Eastern Historiography*, London: Equinox, 2007. Marinatos Nanno, *Minoan Kingship and the Solar Goddess*, Urbana: University of Illinois Press, 2010.

和"圣经考古学"之类的新研究领域得到方兴未艾的发展机遇。

关于《旧约·创世记》神话讲述的伊甸园是否具有现实的地理根据问题，20世纪以来的学界给出了较为积极的解释。原先的探索倾向于将伊甸园之原型落实到苏美尔南部的波斯湾一带。[2]近年来的新研究则转向苏美尔的东面，即扎格罗斯山脉以东地区。《吉尔伽美什》第八块泥版第215行讲到来自伊兰古国的物产——"伊兰马库树"（elammaku-wood）[3]的木材制作的大祭桌，清楚地表明苏美尔与伊兰国家之间有文化交往和贸易联系。传播论派人类学家则将伊兰文明视为埃及、苏美尔和印度河文明之间贸易联系的中转站。柴尔德在《最古老的东方》（1928）一书中提出，在伊兰古国的都城发掘出的苏萨文化与古埃及文化有明显的相似要素："两种文化中都有梨子形权杖、带嘴的罐子、针、铜质扁凿子、亮色上加暗色的陶器彩绘装饰，而且都使用黑曜石和天青石（应为'青金石'——引者）。但是，在这些要素当中，有一个要素，如带嘴罐，当然还有黑曜石和天青石（应为'青金石'——引者），在埃及境内看起来好像是舶来品，而在亚洲前洪积世文化的区域以内则是本地货，因为这一区域至少早已扩大到叙利亚境内。因此，人们更有理由把苏萨看作是埃及第二阶段文化的亲体。"[4]若在埃及和苏萨之间画上一条连接路线，这样的远距离文化交往联系背景中，位于埃及和苏萨之间的苏美尔文明又起着怎样的作用呢？

一部新发现的4000多年前文学作品——《恩美卡尔与阿拉塔之主》①的苏美尔神话诗歌，给上述问题带来正面的答案。据该作品叙述，作为已知苏美尔文学的三大英雄国王之一的恩美卡尔，要到自己的城市乌鲁

---

① 该作品的中译文一般题为《恩美卡与阿拉塔之王》，参看拱玉书：《升起来吧！像太阳一样》，昆仑出版社2006年版，第307—414页。

克以东很远的阿拉塔国去谋求奢侈物产——黄金与青金石。他分别采用了和平手段和战争手段,希望通过贸易交换的形式,用大量的麦子去换取阿拉塔国的特产——青金石和金属矿石。在对方不就范的情况下,恩美卡尔派出法力强大的巫师去进行攻击性斗法,最终迫使阿拉塔王臣服,交出珍贵的青金石等资源。据作品的描述,阿拉塔的位置在乌鲁克的东方,路途十分遥远,要翻越七座大山。作品中的这些信息表明,阿拉塔不是一个纯粹虚构想象的文学国度。因为在苏美尔文明中推崇备至的疯狂石头青金石,本来就不是苏美尔本地所出产的,而是通过远程贸易得来的,其矿产来源地乃伊兰以东的阿富汗山区。学者们据此推测,阿拉塔的现实原型无非是阿富汗或伊兰古国。英国考古学家戴维·罗尔通过对《恩美卡尔与阿拉塔之主》的研究,强调阿拉塔的地理位置与《旧约》神话的伊甸园原型有关。他还认同亚述学家亨利·萨吉斯提出的阿拉塔为苏美尔人的祖居之地说。罗尔在《传说——文明的起源》一书中指出:

> 在这些古代诗歌中很容易看出,美索不达米亚平原上的乌鲁克和山那边的阿拉塔之间最初的政治关系是一种贸易往来。中亚野驴拉的大篷车驮着谷物到山里的王国,返回平原时则满载着矿物和次贵重宝石。通往阿拉塔的道路要翻越七座高山。两个"苏美尔"国家之间却由共同的文化和政治纽带联系起来。他们说着同样的语言,崇拜许多同样的神……亚述学家亨利·萨吉斯提出猜想,这种密切的文化联系是否意味着阿拉塔是乌鲁克人迁往苏美尔平原前的故土?在这点上,我相信他完全正确。[5]131

戴维·罗尔以为苏美尔文学中描述的阿拉塔不仅实有其地,而且那也是后来的希伯来文学想象中伊甸园的原型。他亲自组织了一个越野考察队,到库尔德和伊朗高原去旅行,开着越野车,模拟性地重走乌鲁克使者去往阿拉塔的路线，切身体会那条路上的山川形势，经历那所谓"七座高山"的艰难险阻，最后在乌尔米耶湖以南的大亚美尼亚平原——米道扬阿卜平原，确认出阿拉塔古国的所在。他的考察日记中写道："我知道苏美尔语中将平原称为'伊丁'（edin，阿卡德语中为 edinna），《圣经》中的'伊甸'很可能就是由此而来的。当我穿过麦里甘（意即'天使门神'）的时候，我确信我终于来到了伊甸。"[5]104 不仅如此，戴维·罗尔还通过自己的实地考察，提出有关苏美尔人来源的新理论假说。他根据史前陶器的源流线索，认为苏美尔人口的主要部分是来自扎格罗斯山脉深处，即今日的亚美尼亚。"在那里有阿拉塔王国和《圣经》上的伊甸。这与《创世记》中的说法也是一致的，那里面说道，希伯来人的祖先离开了伊甸并最终定居在'示拿之地'——古代的苏美尔。"[5]131《圣经·旧约》的最初篇章反映了公元前 5000 年代人类文明的始祖从东部山区向两河流域平原的大迁徙之迹象。其理由既出人意料，又显得锐气十足：《圣经·旧约》的作者希伯来人认为本民族的远祖就是苏美尔人。

从现存巴格达博物馆的苏美尔人像雕塑艺术中不难看出，至少有两种标准的苏美尔人的形象：一种是留着长长的黑胡须的长脸卷发人；另一种是没有胡须的圆脸光头人。据此推测，苏美尔文明不是一个单一民族的创造，而是民族迁徙和民族融合的社会结晶。难怪苏美尔文学作品《埃麦什与恩滕：恩利尔选择农神》和《旧约》的该隐-亚伯故事，不约而同地表现农民与牧民之间的价值优劣之争（作品分析详见下文）。

戴维·罗尔还引证苏美尔学家克拉莫尔教授提示的语音学证据：苏美尔（Sumer）这个词，在楔形文字文本中为"Shumer"，这个词和诺亚的长子"闪"（Shem）的名字相似。据传他是美索不达米亚大洪水摧毁远古城市后重新定居下来的人们的祖先，因而"苏美尔"（Shumer）这个词是后来做了地名的人名。在某种程度上，苏美尔人的来源和以色列人的来源是交织在一起的迁徙过程。在见证这场大迁徙的物证方面，欧贝德文化的先进陶器被视为是外来的苏美尔人创造和带入两河流域的。在创建文明城邦之后，这一陶器风格继续流行了足有1000年。以上是戴维·罗尔主要依据苏美尔文学而展开的历史探源研究的大概观点。其大胆假说的能力非同一般，其论证的方式也不可谓不雄辩。但是，面对如此重大而复杂的历史难题，其求证的效果还远未臻于完善。一个主要缺憾在于《恩美卡尔与阿拉塔之主》讲述的是苏美尔城邦与阿拉塔王国之间围绕着青金石和金银等战略资源的殊死斗争，而戴维·罗尔的考证分析却忽略了作品的这一核心问题，侧重在两国之间交通的地理路线方面。要使苏美尔人起源于阿拉塔即今日亚美尼亚的假说更加可信，较为稳妥的方式是首先确认这一地区古代是否拥有青金石矿产资源。如果没有，那就必须证明该地区与盛产青金石的阿富汗东北地区有着怎样的文化和贸易关联。不然的话，苏美尔作品《恩美卡尔与阿拉塔之主》更适合当作文学来欣赏，而不是历史考索的真实凭据。此外，要论证苏美尔人和希伯来人的文化同源性，同样不能仅靠词汇语音方面的偶合现象去做推论，而必须搜寻足够的"物证"。《旧约》的创世神话观和生命树想象确实受到苏美尔文学的影响，但是《旧约》文本中似乎没有表现像苏美尔人那样的青金石崇拜，这一问题不得到澄清，也将是对克拉莫尔、戴维·罗尔等人的文化同源假说的关键反证。

荷马史诗和《圣经》是西方文明中影响最大的书。参照一些新的考古发现来重新解读该书，似乎是学术研讨和国际出版市场的持久热点。近年来出现的同类的著作还有《耶稣：最后的法老》《耶稣在印度》等。此类反弹琵琶的著作名目，因为著者的学术功底差异而显得良莠不齐，甚至还会在学院内引发有关科学考古学和伪考古学的激烈争论。① 不过，我们毕竟不可因噎废食，轻易摒弃或无视一切潜力可观的创新性研究方向。如果能够与时俱进地不断推进求证的渠道和对各种新证据的严格筛选、检验程序，并在探讨和争鸣中形成专家会诊般的学术切磋，潜藏于神话叙事背后的某些真相，也许会逐步清晰起来，带来超越古人的新认识境界。在这方面最值得关注的一个方向，就是考古发现带来的新的实物材料的系统梳理和再阐释。本文引用的美国考古学者保罗·麦克金德里克的《会说话的希腊石头》（1962，1981），英国大英博物馆的芬克尔（Finkel，I. L.）和塞莫尔（Seymour, M. J.）合编的《巴比伦：神话与现实》（2008）②，以及美国学者萨缪尔·马克（Samuel Mark）著的《荷马的航海文化》（2005）③，皆可视为这方面的成功之作。后者根据考古发现的爱琴海史前航海文化背景，分析荷马史诗中船与航海的描写，并在文本与实物证据参照的基础上，提出荷马史诗产生年代在公元前750—前713年之间的新观点。其第三章甚至估算出当时希腊人航海贸易的利润率，给纯文学和修辞式的作品研究老范式，带来跨学科变革的重要消息。

如果西方读者在启蒙时代以前看到像《圣经考古学》这样的书名，一定会以为是神学院方面的著作。而如今，这样的书名正是科学考古学的实证研究范式融入人文学阐释领域的研究方法创新潮流之见证。国际上，在这方面较有影响的学术期刊可以举出以下三个代表：一是总部设在英国伦敦的"埃及探索学会"会刊《埃及考古学》（*Egyptian Archaeology*）季刊；二是美国的东方考古学院专刊《近东考古学》（*Near Eastern*

---

① 对"伪考古学"及其学术误导作用的批判检讨，可参看 Fagan Garrett G, *Archaeological Fantasies*, London and New York: Routledge, 2006.
② Finkel I L, and Seymour M J ed., *Babylon: Myth and Reality*, London: The British Museum Press, 2008.
③ Mark Samuel, *Homeric Seafaring*, Texas: Texas A & M University Press, 2005.

Archaeology）季刊；三是荷兰的老牌出版社 Brill 出版的专刊《古代近东宗教杂志》（*Journal of Ancient Near Eastern Religion*）。这三大刊物的办刊方向皆有神话学、历史学与考古学相结合的方法特色，尤其是后者，非常值得希望走出学科本位主义束缚的研究者参考。

二、苏美尔的青金石神话

本文主要依据国际苏美尔学的权威学者克拉莫尔所编《苏美尔神话》一书，讨论其中讲述的青金石母题，从中透析青金石神话是怎样伴随着世界最早的文明城邦而建构成为一种神圣知识的。所采样的作品共八部，即《宇宙的组织》《南纳赴尼普尔的旅程》《埃麦什与恩滕：恩利尔选择农神》《镐头的创造》《恩基与埃利都：水神赴尼普尔的旅程》《造人》《印南娜下冥府》《马图的婚姻》，从中归纳出八种青金石意象，逐个加以讨论，探究其中隐含的历史信息和神话意识形态内容。

（一）《宇宙的组织》：青金石天空

苏美尔语"宇宙"的表达式为"安－基"（An-Ki），其字面意义为"天－地"。宇宙的组织可以再进一步细分成天空的系列和大地的系列。天空包括天及天之上的空间，也就是"至上"（great above），这里居住着天神。大地包括地面之上和地面之下的空间，后者即是被称为"至下"（great below）的阴间，那里居住着地下世界或称冥府的各种神怪。因为天空构造的神话材料相对缺乏，目前可以做如下的概括：南纳（Nanna）是月神，苏美尔主要的天体神，他是大气之神恩利尔所生。恩利尔的妻子宁利尔（Ninlil）是大气女神。月神南纳被想象为乘坐着一艘圆形船穿过天空进行旅行，"于是就给黑暗的青金石的天空带来光亮"（thus bringing light to the pitch-dark lapis lazuli sky）。[6]41

从青金石在此神话叙事中的隐喻用法看，这种玉石的深蓝色泽，原来被古苏美尔人联想为夜空的颜色，引申则为整个天体之本色。天界为神灵世界，天之本色也就由此获得超乎寻常的神圣价值。中国宋代诗人胡仲弓《中秋望月呈诸友》诗云："长空万里琉璃滑，冰轮碾上黄金阙。"也是用琉璃即青金石色比喻晴朗夜空。可知此种比喻，出自神话思维的类比联想。对于中古诗人是诗歌修辞，对于上古文明则是信仰。

（二）《南纳赴尼普尔的旅程》：恩利尔的青金石码头

在公元前第三千纪的苏美尔，尼普尔成为这个国家的精神中心。它的守护神是恩利尔，也是苏美尔万神殿的主神；他的神庙埃库尔（Ekur）是苏美尔地区最重要的神庙。恩利尔的祝福是苏美尔其他城市繁荣与富裕的最基本保证，像埃利都、乌尔等城市都是如此。为了得到祝福，这些城市的保护神需要带着礼物前来尼普尔朝见那里的神与神庙。下面的神话就描述了月神南纳（也被称为辛或埃什戈巴尔）从乌尔到尼普尔的旅程，南纳正是乌尔的保护神。开头描述尼普尔的辉煌，接着叙述南纳决定要去朝觐他父亲的城市，于是他把各种各样的植物和动物装到他的圆形船上。南纳与他的船在五个城市停留，最后他到达了尼普尔：

在青金石的码头，恩利尔的码头，
南纳——辛停下了他的船，
在白色的码头，恩利尔的码头，
埃什戈巴尔停下了他的船，
在父亲，他的生产者的……上，
他自己停了下来，
他对恩利尔的守门人说：

"打开屋子,守门人,打开屋子,

打开屋子,啊,守护的神怪,打开屋子,

打开屋子,为你制作的树运来了,打开屋子,

啊……为你制作的树运来了,打开屋子,

看门人,打开屋子,啊,守护的精灵,打开屋子。"[6]48

父子二神相见和欢宴之后,南纳向父亲恩利尔祈求受赐各种福分。恩利尔接受儿子的请求,赐予他各种福分和长生不死,让他返回乌尔城。青金石码头,显然属于纯粹的神话想象产物,不能指望有什么现实根据。恩利尔是苏美尔人信仰中权威最高的神。其他的神要见这位主神,也需要在恩利尔的青金石码头登陆。现实的物质青金石,在神话中足以代表想象中的神灵,还有神赐的福分。借用比较宗教学术语,可称为"显圣物"的典型。

(三)《埃麦什与恩滕:恩利尔选择农神》:神之子的金玉之礼

这个神话最大限度地接近了《圣经·旧约》的该隐-亚伯故事,是可以做平行比较的,尽管苏美尔叙事的结局是和解而非谋杀。此神话诗有300多行,其中只有大约一半是完整的。克拉莫尔将其内容重构如下:

大气之神(风神)恩利尔决定生成树与谷物,在大地上建立丰裕与繁荣。因为这个目的,埃麦什与恩滕两兄弟被创造出来,恩利尔指派给他们特殊的任务:

恩滕使母绵羊生出了羔羊,母山羊生出了幼崽,

他让母牛生产了牛犊,他也促使产生更多的油脂与牛奶,

在平原,他使野山羊、绵羊、驴子心生欢快,

天空之鸟,他让它们在野地筑起鸟巢,

大海之鱼,他使它们在池塘中产卵,

棕榈林与葡萄园，他使它们盛产蜜与酒，

树木，无论在哪里种植，他都会令它们果实累累，

犁沟……

他使作物品种丰富，

像那位善良的少女阿什南（Ashnan，谷物女神）一样，他使力量显现，

在农田，他使作物品种丰富，

……他使覆盖大地，

他给仓房带来大丰收，他使谷仓高高堆起。

无论其最初的任务是什么，一场激烈的争吵在两兄弟间爆发。纷争相继而起，最后埃麦什挑战恩滕宣称自己为"神的农夫"的立场。他们来到尼普尔城，在恩利尔面前分别陈说自己的工作被冒犯。埃麦什争吵的话语，则以几句奉承话开始，狡猾地直接赢得了恩利尔的欢心。虽然他的陈述简单，但原本中模糊不清。

恩利尔回答埃麦什与恩滕：

"所有土地上的活命之水，恩滕是'洞悉者'，

作为神的农夫，他生产了每一件事物，

埃麦什，我的儿子，你为何要把你自己同你兄弟恩滕相比较呢？"

恩利尔高贵的言语意义深刻，

决定不可更改，没人可以变动！

埃麦什在恩滕面前屈下了膝盖，

他走进自己的屋子，拿出枣椰酒和葡萄酒，

埃麦什赠给恩滕黄金、白银、青金石，
兄弟情谊与友谊中……他们幸福地向神奠酒，
决定明智地、很好地共同行动。
在埃麦什与恩滕之间的冲突中，
恩滕，神的坚定的农夫，证明自己比埃麦什更加伟大，
……啊，父神恩利尔，赞美您！[6]51

  这个叙事情节里潜含的历史文化信息是，苏美尔人建立在灌溉农业基础上的城邦文明，需要得到外部的游牧文化之流动性所带来的贸易支持，以获得宗教意识形态建构所必需的奢侈矿物等贵重物资的原材料供给。这是苏美尔神话诗写作者的立场与写出《圣经·旧约》的希伯来人以畜牧生产为本的立场的根本不同之处。从苏美尔城邦社会的外贸情况看，金银铜和青金石等大多数具有宗教象征意蕴的奢侈品原料都依赖进口。让处在城邦国家外围的游牧文化充当外贸物资的直接或间接供给者或运输中介者，是一种不错的选择。这或许即是上述诗歌情节中隐含的文化暗示。

（四）《镐头的创造》：神造的金玉组合神圣法器

  这首诗包括108行，尽管有一些段落仍然模糊难解，但它实际上还是相当完整的。作品以一个较长的导引段为开端，这些内容对于了解苏美尔人关于宇宙组织与创造的观念具有首要的参考意义。

主人，他显示的一切都是真正合适的，
主人的决定是不可更易的，
恩利尔，他从大地上培育出了土壤的种子，
从大地上小心分离出了天空，
从天空中小心分离出了大地。

为了培育造物，
在"天空与大地的结合部"（尼普尔），他开始大踏步行走……

他带来了镐头，"日子"出现，
他教导劳作，审判命运，
在镐头与篮子之上，他施与了"力量"。
恩利尔使用他尊贵的镐头，
他的黄金镐头，头儿是青金石的，
他的宫殿的镐头……白银与黄金的，
他的镐头……是青金石的，
它的齿儿是一头独角公牛，攀上大墙。[6]52

恩利尔创造了镐头并判定其神圣的命运之后，另一个重要的神明为它增补了力量与功能。诗歌结束时，是一个长段，其中对镐头的用途有十分热烈的赞颂。其最后的诗行如下：

镐头与篮子建立了城市，
坚实的宫殿由镐头建成，坚实的宫殿由镐头建成，
坚实的宫殿带来繁荣。

宫殿反抗国王，
宫殿不顺从国王，
镐头使它顺从国王。

一些糟糕……的植物它碾碎其头，
连根拔去，撕碎顶冠，

镐头宽恕……植物；

镐头，其命运由父神恩利尔判定，

这个镐头得到颂扬。[6]53

神造的镐头不宜理解为世俗工具。黄金加青金石的材料表明，此镐头为世间罕见之神物。它不光能代表神的自由意志，还能带来神的荣耀。

（五）《恩基与埃利都：水神赴尼普尔的旅程》：神造的白银加青金石神宫

埃利都是苏美尔古老并受尊崇的城市之一，位列《苏美尔王表》的第一位。[7]其地理位置在今天的阿布-沙赫里恩（Abu-Shahrain），如今已经掩埋于土堆之下。克拉莫尔推测说，对这一重要遗址若有一个彻底的发掘，将会极大地丰富我们关于苏美尔文明的知识，尤其对了解其精神层面十分重要。根据苏美尔的传说，这座最古老的城市，是大洪水之前即已经建立的五城之一。埃利都的位置在古时的波斯湾，水神恩基在那里也被称作努迪穆德（Nudimmud）。他修筑起他的"海洋之宫"（sea-house），所用的原料都是两种苏美尔城邦所缺乏的奢侈品——白银和青金石。

在创造之水的命运已经被判定之后，

在赫加尔（hegal，丰裕）之名出现在天堂之后，

植物与药草覆盖了大地，

深渊的主人，王者恩基，

恩基，是审判命运之主，

建起他的白银与青金石之宫；

神宫的白银与青金石熠熠生辉，

父神在深渊中造出。

用来装饰这一银质圣堂的材料稍有变化,是青金石加黄金组合。

  明亮的面容与智慧(的特征),从深渊里升起,

  矗立在主人努迪穆德之旁;

  建立完美之神宫,他用青金石装饰,

  他用黄金装饰,

  在埃利都,他建起了水岸之宫,

  建造神宫时,(他)发出话语,给出建议,

  它的……就像公牛咆哮,

  恩基之宫,神谕发出(之地)。[6]62

后面的一个长段描述伊斯穆德——恩基的使者——为"海洋之宫"唱赞歌。随后恩基从深渊中将埃利都升起,让它漂浮在海上,就像一座高耸的大山。在果实累累的葱葱果园中,他又安排了鸟类;那里也盛产鱼类。恩基现在准备乘舟去尼普尔城,请求恩利尔大神对他的新建之城与神庙赐福。他从深渊中升起,坐船先来到埃利都;在那里他屠宰了许多牛羊。然后起程去尼普尔,他直接到了那里。当他到达时,他为诸神准备了各种饮品,尤其给恩利尔准备好饮品。诸神依次落座,神宴一直持续到他们变得愉悦,恩利尔准备宣布他的祝福,他对恩努纳济说:

  喂,站在那里的伟大的诸神们,

  我的儿子已经建造了一座宫殿,王恩基;

  埃利都,像一座大山,他从地面上使之升起,

  在一处好地方,他建造了它。

  埃利都,整洁的地方,没人可以进入,

  那宫殿用白银建造,用青金石装饰,

  那宫殿由七首"七弦琴歌"指引,施以咒语,

> 伴随着纯净的歌……
> 深渊，恩基之善的圣殿，匹配神圣的天命，
> 埃利都，圣洁的宫殿已经被建造，
> 哦，恩基，赞美（你）！[6]63

从大神恩利尔赐福的措辞看，用白银和青金石打造的宫殿不是一般的居住性房屋，而是代表"神圣的天命"（divine decrees）的所在，是信仰者心中无限仰慕的象征性空间。青金石为什么能够和金银一样，获得无比崇高的价值联想，在恩利尔的"神圣的天命"一句中，实际已经给出最权威和最完满的解释。

（六）《造人》：恩利尔，大气之神

克拉莫尔根据苏美尔的造人神话，总结出苏美尔宇宙发生论的五个观念。其中第四个观念有关大气之神恩利尔。他发觉自己生活在上界的黑暗之中。因为天空被苏美尔人想象为由深色的青金石所构成，这也是恩利尔所住天宫的天花板与墙壁之色。他使月神南纳照亮他黑暗的屋宇。月神南纳接着产生了太阳神乌图，他比他的父亲月神更加明亮。[6]74

苏美尔人想象出的青金石天宇观，堪比中国的"玉宇琼楼"天界神话。只因青金石本来的深色调，所以苏美尔的天空需要发光体来照耀。而中国想象的太阳被类比为金（金乌），月亮被类比为玉（玉盘、玉兔），二者以金碧辉煌的发光效果映衬玉质的天体。对比玉质天体的人格化形象——玉皇大帝，苏美尔的青金石天体之人格化形象非拥有"青金石码头"的主神恩利尔莫属。

（七）《印南娜下冥府》：女神的青金石饰品

印南娜是苏美尔神话中的天后，是光明、爱和生命之神，其地位相

当于希腊神话中的天后赫拉，是所有女神中最尊贵的一位。作品描述她下阴间的经历：先是准备好化作圣物的七个天命，然后在冥府的七重鬼门关前一一被夺去：

> 七个天命，她紧带身边，
>
> 她挑出七个天命，放在手中，
>
> 她摆出所有天命，置于脚边待命，
>
> 舒古拉，平原的花冠，她戴在头上，
>
> 光辉，她展现在自己的脸上，
>
> 青金石的……杖，她紧握在手中，
>
> 小的青金石块，她系在脖颈上，
>
> 闪闪发光的……石，她紧扣在胸部，
>
> 金指环，她紧箍在手中，
>
> 一件……胸甲，她紧系在胸口，
>
> 所有贵妇的外衣，她装扮在自己的身上，
>
> 香膏，她涂抹在脸上。
>
> …………
>
> 冥府的七重大门，他打开了它们的大锁，
>
> 大门甘兹尔，冥府之"脸"，他定下了规矩。
>
> 他对圣洁的印南娜说：
>
> "来，印南娜，进来吧。"
>
> 当她进入第一道大门，
>
> 舒古拉，她头上的"平原之冠"，被摘下。

"这是什么规矩?"

"啊,印南娜,冥府的法令是格外完美的,自有道理,啊,印南娜,不要质疑冥府的仪式。"

当她进入第二道大门,
……青金石之权杖被摘掉。
"这是什么规矩?"
"啊,印南娜,冥府的法令是格外完美的,自有道理,啊,印南娜,不要质疑冥府的仪式。"

当她进入第三道大门,
她脖颈上的小青金石被摘下。
"这是什么规矩?"
"啊,印南娜,冥府的法令是格外完美的,自有道理,啊,印南娜,不要质疑冥府的仪式。"

…………

当她进入第七道大门,
她身上标志尊贵身份的全部服饰都被拿掉了。
"这是什么规矩?"
"啊,印南娜,冥府的法令是格外完美的,自有道理,啊,印南娜,不要质疑冥府的仪式。"

当他进入埃库尔,恩利尔之屋,

在恩利尔面前，他哭诉：

"啊，父神恩利尔，不要让你的女儿在冥府被杀死，

不要让你上好的金属在地上沾染冥府的灰尘，

不要让你优良的青金石在石匠的石头中被毁掉，

不要让你的黄杨木在木匠的木料中被切掉，

不要让少女印南娜在冥府被杀死。"[6]87

如同以上几部作品所表现的那样，青金石与金属照例作为大神恩利尔的标志而存在。对于女神来说，它们是代表神意和天命的符号物。进入地狱的七重门必须失去这些物品，因为阴间世界中的一切价值都和阳界是相反的。

（八）《马图的婚姻》：神赐礼物银玉组合

有一块在尼普尔出土的泥版刻写着这首诗的内容。故事发生在尼那布（Ninab）城，"万城之城，王土"。该城的保护神是马图，一位西闪族的神，被苏美尔人改造纳入其万神殿。

尼那布存在，施塔布（Shittab）不存在，

纯洁的王冠存在，纯洁的三重冠不存在，

纯洁的草药存在，纯洁的雪松树不存在，

纯洁的盐存在，纯洁的天然碱不存在，

同居……存在，

在草地上，有生产。

出于不完全清楚的理由，神马图决定结婚。他去找他的母亲，问她要一个妻子，并许诺用礼物回报母亲。母亲建议，准备在尼那布举行一场盛宴，请卡扎鲁（Kazallu）的保护神努姆施达（Numushda）带着他的妻子与女儿来。宴会上，马图做了一些英勇的事，给卡扎鲁的努姆施达

带来愉悦。作为奖励，后者给予马图白银与青金石。但是马图拒绝了，他牵着努姆施达女儿的手宣布，这就是他的奖赏。努姆施达高兴地答应了，他的女儿也同意了。可是她的一个亲属却贬损马图，说在她的眼中他是粗鲁的野蛮人：

他吃未加工的肉，

他活在世上没有屋子，

他死后不用埋葬，

啊，我的……为何你要嫁给马图？[6]100

努姆施达的女儿给出简单而肯定的回答："我将嫁给马图。"诗歌到此结束。本诗中的青金石再度和白银并列出现，作为代表神意的礼物。

苏美尔神话的以上八例表明，从"青金石的天空"这一神话想象的观念中，催生出了青金石的神圣价值，转而用于各种神圣场合，比如神庙建筑、神的居所、神的标志性配饰、神恩赐的礼物、天命的象征物等。此种苏美尔人的神话观念现象与玉石在华夏文明发生期的神圣化现象相对照[8]，可谓异曲同工。由于地理的阻隔作用，发生于东亚的华夏玉文化观念，只是在其近邻国度如日本、朝鲜等有传播性的影响，并没有扩展到整个欧亚大陆的范围。而苏美尔的青金石神话观却大大超出本国地域，影响非常广泛。至少在埃及、阿卡德、巴比伦、波斯、赫梯、腓尼基、克里特和希腊等环地中海文化圈得到推广和普及，并向东传播到伊兰和印度，成为连接除中国以外的欧亚非三大洲主要古文明的一条神话观念纽带。

三、财富与神权：青金石神话与文明起源

关于苏美尔人的青金石神话之由来，需要溯源到伴随文明起源而来

的史前玉石崇拜的信仰和观念基础。现代考古学已经提供出相对充足的年代学证据。综观这些证据的线索①，可大致构拟出一个近东地区玉石神话信仰的主题发生史之五阶段轮廓。

第一阶段，约公元前7000年的萨约吕遗址（今土耳其境内），已知最早的金属使用，即锻打的自然铜小饰件。

第二阶段，约公元前6000年的古兰土丘（今伊朗境内），第一次出现黑曜石，以及大理石磨制的容器。

第三阶段，约公元前4000年的高拉遗址欧贝德晚期（今伊拉克境内），在80座贵族墓中，第一次出现金玉组合装饰品，即金片饰品和青金石珠等。珠子的数量和所用材料之多都十分惊人。每座墓葬有25000颗珠子。

第四阶段，公元前3250—前3000年的乌鲁克遗址第五层和第四层，最早的圆筒形印章出现，其中包括用青金石材料制作的。

第五阶段，公元前3000—前2400年的苏美尔早王朝时期（今伊拉克境内），在神庙、宫殿遗址和高等级墓葬中出土大量的青金石文物；金玉组合的特殊形式即黄金加青金石，成为苏美尔文明中最高档的宗教艺术品。

在以上五阶段中，金属矿石和玉石大致在同一时期得到先民的认识和利用，这标志着对某些特殊物质的神圣化过程揭开序幕。第三阶段是玉石神话发生的关键时期。据考古报告，在高拉遗址出土的玉石器（以珠子为主）种类达到十种以上，此外还有黄金与象牙。此类史前装饰物代表着初期的奢侈品生产和消费，其原料的跨地区贸易成为拉动文明发

---

① 参考塞顿·劳埃德：《美索不达米亚考古》，杨建华译，文物出版社1990年版。《人类的过去》（Scarre Chris ed., *The Human Past*, London：Thames & Hudson, 2009）和《近东：文明的摇篮》（*The Middle East: the Cradle of Civilization*, London：Thames & Hudson, 2008）。

生、城市起源的重要力量。等到苏美尔文明城邦发展起来后，受到玉石神话观的作用，神权建构方面对来自中亚地区阿富汗的青金石原料的需求倍增。这反映在考古发掘的大量精美青金石文物上。

最著名的苏美尔珍宝是考古学家伍利从乌尔城邦遗址的一位女王墓中出土的金玉组合圣物。据英国学者彼得·詹姆斯的描述："女王普－阿比的陵墓最为豪华，其遗体上半身被一层用金、银、天青石（即青金石——引者）、光玉髓、玛瑙和玉髓做成的串珠所覆盖。她还戴着大耳环和一顶精美绝伦的王冠，上面的3个金花环连在3根用天青石（青金石）和光玉髓做成的串珠上。"[9]304 这些珍宝是用封闭模具以铸造、铆接、焊接等工艺制作的，而且使用了金叶。"死亡坑"中的金器在如此之早的年代里所展示的高超工艺给伍利留下了极深的印象。他说："苏美尔工匠技艺高超，几乎能够制作现代金匠所能制作的一切物品，而且制作水准相差无几。"[9]304

彼得·詹姆斯还特意说明史前宝石贸易对文化交往的推动作用，有助于初民走出小国寡民式的部落生活状态，这就给各大文明的发生提供了外部的刺激条件。"对宝石的这种迷恋导致一些最遥远和最艰险的古贸易通道的开辟。辽宁的早期工匠至少需要西行1000英里，才能到达最近的玉石产地。但是，从天青石——色彩湛蓝的美丽宝石——这个例子中，人们可以清楚地看出古代宝石运送所跨越的范围。最大的天青石（青金石）矿位于阿富汗的东南部；我们从当地遗址蒙迪加克了解到，早在公元前4000—前3500年，这里即已开始用天青石（青金石）制作串珠。到公元前第三千纪中期，在整个中东地区，天青石（青金石）已成为受欢迎的首饰镶嵌材料。要想到达伊拉克南部——天青石（青金石）在当地乌尔城的'死亡坑'中广为使用，翻越山脉和沙漠走直线，需跋涉1400英里，如沿可行的道路前行，则要多走一倍的路程。甚至在更远的地方也进行过这类交易活动,在公元前3000年的埃及遗址上就发现过相关的证据。"[9]305

研究表明,从经贸活动的方式看,为苏美尔国家进行远程贸易的不可能是零星的个体货郎或商贩,而是有半官方色彩的机构组织,即职业商人团体。"各个城邦都有一个或多个商人协会类的组织。城邦制的非中央集权化政治有助于各城邦间的贸易互惠活动。城邦政府控制着远程贸易和外来商品,作为其统治力来源的重要方面。"[10]342 苏美尔政府虽然没有派出传教士一类神职人员去往外邦传道,但是青金石崇拜却伴随着这个古文明的宗教和神话观念,依次传播到较接近的邻邦和较远的外国。根据目前材料可以确认的情况是,"美索不达米亚商人们在国外相邻地区城市建立了许多贸易驿站,如今日的土耳其和伊朗,以及波斯湾地区"[10]343。苏美尔的青金石制品也率先出现在这些相邻的地区,对几大文明古国产生影响,如埃及、印度、克里特和迈锡尼等,青金石神话同时表现在其文学作品和考古实物中。如果进一步梳理青金石神话向后世和四方传播的时空轨迹,可清楚地透视此一"疯狂的石头"在世界文明发生期的舞台上所上演的种种精彩剧目。限于篇幅,这方面的内容拟另外撰文探讨。

参考文献:

[1] 米罗诺夫. 历史学家和社会学 [M]. 王清和,译. 北京:华夏出版社,1988:78-79.

[2] Cornfeld Gaalyah. Archaeology of the Bible:Book by Book [M]. San Francisco:Harper & Row,1976:5-7.

[3] George Andrew. Translated. The Epic of Gilgamesh [M]. London:Penguin Books,1999:59.

［4］埃利奥特·史密斯. 人类史［M］. 李申，等，译. 北京：社会科学文学出版社，2002：301.

［5］戴维·罗尔. 传说：文明的起源［M］. 李阳，译. 北京：作家出版社，2000.

［6］Kramer S N. Sumerian Mythology［M］. Philadelphia：The American Philosophical Society，1944.

［7］Thorkild Jacobsen. 苏美尔王表［M］. 郑殿华，译. 北京：三联书店，1989.

［8］叶舒宪. 玉教：中国的国教：儒道思想的神话根源［J］. 世界汉学，2010（春季号）：74－82.

［9］彼得·詹姆斯，索普. 世界古代发明［M］. 颜可维，译. 北京：世界知识出版社，1999.

［10］Triger Bruce G. Understanding Early Civilizations［M］. Cambridge：Cambridge University Press，2003.

俄狄浦斯神话的东方渊源

——以苏美尔、埃及为例

唐 卉[①]

摘要：通过对上古地中海文化区三大文明（埃及、苏美尔和希腊）的乱伦神话做整体透视，从比较文学角度探讨俄狄浦斯神话的东方渊源。揭示乱伦主题在早期文明中发生的特定宗教观念语境，解读神话母题与农耕信仰的本源性因果关系。苏美尔创世神话突出表现两代神祇之间的乱伦与暴力杀戮倾向；古埃及的神权政治所建构的父母子三角关系神话，也不惜以乱伦为代价追求男性生命的再生与王权永恒。以索福克勒斯的悲剧为代表，希腊文学完成了对已流行数千年的代际冲突之主题的改造和提升，将该主题置换为英雄的无意识过失，让人伦道德引导下的自我问责和另一个异常古老的替罪羊主题组合再造，从而成就了文学史上的不朽之作《俄狄浦斯王》。

关键词：俄狄浦斯神话；弑父；乱伦；农耕信仰

悲剧《俄狄浦斯王》，自诞生伊始便笼罩上了古希腊的人文之光，其深刻的思想蕴涵使之成为世界文学中具有经典价值的作品之一。古典学家塞加尔（Charles Segal）评价说："俄狄浦斯的故事在西方不仅

[①] 作者简介：唐卉，中国社会科学院外国文学研究所助理研究员，文学博士，研究方向为日本文学、西方古典文学。

具有个人身份,而且也被看作文化身份的神话。"[1]本文专门探讨俄狄浦斯神话的东方渊源问题,旨在说明:杀父娶母的文学主题,早在索福克勒斯以前2000年,就已经在两河流域和尼罗河畔出现。从索福克勒斯到弗洛伊德的知识建构史将此类神话贴上了西方文化认同的专属标签,并且造就了西方学术的一种宏大叙事。然而,在后殖民与后现代的语境下,对"东方学"的深切反思,促使古希腊文明的多元发生成为全新的认知突破,也为包括俄狄浦斯神话在内的希腊神话研究打开了更加宽广的视界。

一、俄狄浦斯的东方祖籍

在现代语汇中,"东方"是一个大而含混的概念。其认识根源在于以希腊罗马为中心的世界地理观。包括近东的小亚细亚、美索不达米亚和波斯,中东的巴勒斯坦和埃及,远东的印度、中国、日本等均被指认属于"东方"的范围。为了方便理解,现将"东方"限定为古希腊英雄时代所指称的东方。这是一个特定概念,涵盖着古希腊人对地中海以东地区(包括古埃及)文化的理解与认知。本文不仅要探讨俄狄浦斯神话是否从东方世界舶来的问题,还要追寻类似的神话主题在作为希腊文明源头的古老文明中是如何表现的。

对于俄狄浦斯神话的东西方源头问题,一些当代学者更倾向于"日出东方"说。苏黎世大学教授瓦尔特·伯克特(Walter Burkert)从文化传播角度入手,通过比较希腊和近东的古代神话主题,发现埃斯库罗斯的三联剧之一《七将攻忒拜》($E\pi\tau\grave{\alpha}\ \grave{\epsilon}\pi\grave{\iota}\ \Theta\acute{\eta}\beta\alpha\varsigma$)原本是古巴比伦关于七恶魔的灾难神话,后移植到希腊。于是伯克特将这一耳熟能详的希腊悲剧故事溯源于东方。[2]以此类推的话,讲述一个家族三代兴衰的三联剧《拉伊俄斯》《俄狄浦斯》以及《七将攻忒拜》很可能是将东方的一个家族故事搬上了雅典的舞台。因为"这些东方神谱和以它们为模式的希腊神谱一样,创世的主题被纳入一部宏伟的王国史诗之中。史诗讲述的是历代神祇和各种神力为统治世界而相互对抗的故事"[3]98。一系列的考古发现显示了东西方文学新的汇合点,解释了东方对希腊创世神话的影响,这种影响的范围、限度、渠道和时间等问题,以具体而可靠的方式提了出来。[3]98所以,要探寻俄狄浦斯神话的渊源,就不能忽视索福克勒斯剧作开场一幕所提供的有力"内证"——俄狄浦斯的东方祖籍问题。俄狄浦斯首次出场时说道:

> 孩子们啊,老卡德摩斯的现代儿孙,
>
> 你们为什么坐在我面前,
>
> 高举着这些缠羊毛的厄莱亚枝①?
>
> 城邦里弥漫着焚烧的香料②,
>
> 求生的颂歌和悲苦的呻吟。③[4]

俄狄浦斯的祖先卡德摩斯（Κάδμος）来自东方,是腓尼基国王的儿子,为追寻失踪的姐姐欧罗巴来到忒拜。Κάδμος 的字根 Κάδ 古有"东方"的含义。传说卡德摩斯从埃及带回了宗教启蒙式,同时他也是字母的发明人。[5]其神话体现英雄出自大地,与大地保持着千丝万缕不可割断

---

① ἱκτηρίοις κλάδοισιν,罗念生先生译为"捧着这些缠羊毛的树枝"。这里指祈愿用的橄榄枝。通常情况下,祈愿人都举着这种厄莱亚枝进行请愿。如果成功,便把树枝带走,否则,便把橄榄枝留在祭坛上。

② 古希腊人在危难的时刻习惯用焚烧香料、敬献阿波罗神的方式进行祈祷。瓦尔特·伯克特认为希腊人焚香祷告来自闪米特人的习俗。参见 Walter Burkert, *Babylon, Memphis, Persepolis: Eastern Contexts of Greek Culture*, Harvard University Press, 2004, p. 45.

③ 希腊文原文摘自 Sir Richard Jebb ed. *Σοφοκλέους, Οἰδίπους Τύραννος*, Cambridge, 1887. 并参照达维（R. D. Dawe）*Sophcles Oedipus Rex*（Cambridge University Press, 1982）第 31 页中的希腊文注释译出。

的关系。行走在大地上的"脚"与卡德摩斯家族传统密不可分。这个家族先后出现三个名字,字面意思都含有"身有残疾"之意:俄狄浦斯的祖父拉布达库斯(Λάβδακος)字根为λάβδα,意思是"不成双(或缺少一个)的",引申义为"瘸腿";俄狄浦斯的父亲拉伊俄斯(λαιός),拉伊俄斯原本是一个形容词,意思是"左面的,靠左边的",暗含一个人走路不平衡的状态;俄狄浦斯的字面意思为"脚肿者",预示了他一生的颠沛流离和最终的归宿。[6]实际上,许多民族都流传着一个孩子给家族带来不幸的传说,俄狄浦斯神话属于其中的一种。而禁止父母同子女通婚起源于远古时代,无论是俄狄浦斯刚出生时的"肿脚"还是最终遭受惩罚的"眼瞎",都是这方面禁忌的反映。希腊南部和中部至今保留着古典时代崇拜俄狄浦斯的遗迹。[7]所以,俄狄浦斯很可能是希腊英雄时代以前的神。

来自东方的卡德摩斯建造了忒拜城,与另外一座同名的东方城市遥相呼应。地理位置上曾有两座底比斯,又译忒拜(Θήηβης 或 Thebes)城。一座位于希腊彼奥提亚地区南部,另一座在古埃及境内,是中王国(约公元前2000—前1780年)和新王国(公元前1567—前1085年)时期的都城。城市的规模横跨尼罗河中游两岸,号称"一百城门的底比斯",是当时世界上最大最繁盛的城市之一。其延续近10个世纪的中心地位,足以给后世留下无限的追忆和想象空间。希罗多德根据他亲历埃及的所见所闻,在《历史》中多次描述底比斯的古老风貌、宗教观念与习俗[8]。荷马史诗(《奥德赛》4卷第126行)提到埃及底比斯时,艳羡之情溢于言表:"此人(波吕博斯之妻阿尔库德拉)居埃及特(忒)拜,那里的人家拥有无比丰裕的财富。"[9]这样一个在古希腊人心目中富有的东方财富之都,自然会在希腊文学中留下原型影响的印记。

卡德摩斯和忒拜,是开启俄狄浦斯神话渊源的密钥。这就将我们考察俄狄浦斯故事源头的目光首先聚焦到地中海东南岸的古埃及——那正是还没有被妖魔化的斯芬克斯神话形象的故乡。

二、古埃及：乱伦与永恒

底比斯是希腊人对埃及这座千年古都的称谓，而埃及人则称之为瓦赛特（Waset）[10]。埃及与古希腊有着千丝万缕的关系，后者偏爱把一切古老、神秘的事物上溯到前者上来。希腊对埃及的称呼有两个：一个是Αἰγύπτος，指的是法老时代的埃及；另一个是Λίβυγα，指的是利比亚，泛指非洲。中王朝时期，埃及与其他地区的贸易往来得到恢复，规模逐渐扩大，与地中海东部国家的商贸活动重新活跃起来。考古发现证明，就在这个时期，埃及与克里特（Κρήτη）有商贸往来。克里特的陶器在埃及出土，而埃及的生产工具也在克里特岛被发现。[11]两个古文明之间联系之紧密，令神话学家兼心理学家伊曼纽尔·维里科夫斯基（Immanuel Velikovsky）大发奇想，认为俄狄浦斯的原型就在埃及。

维里科夫斯基于1960年在伦敦出版了《俄狄浦斯与埃赫那吞：神话与历史》（*Oedipus and Akhnaton: Myth and History*）一书，力图证明俄狄浦斯杀父娶母的故事源自发生在古埃及法老家族的一段乱伦史实。他笃信俄狄浦斯的原型就是公元前14世纪埃及第十八王朝的正因为法老埃赫那吞（Akhnaton，在位时间为公元前1377—前1358年）。[12]67-69他的根据是埃赫那吞恋母，对父亲怀有敌意的相关史料。这位法老曾破坏父王阿蒙霍特普三世的像，抹掉铭文中父亲的名字。在古埃及，抹除一个人的名字就等于毁灭其本人。"埃赫那吞没有把母亲奈菲蒂蒂（Nefertiti）和父亲的遗体合葬。……埃赫那吞深受俄狄浦斯情结之苦，可以说，他本人就是俄狄浦斯的原型。"[12]68他封自己的母亲为王后，并同她生下三个女儿。[13]古老的埃及对待俄狄浦斯式乱伦的态度似乎是宽容的：埃赫那吞稳居王位，没有像俄狄浦斯那样受到任何惩罚或来自内心的问责。这是为什么呢？回答这个疑问需要从还原古老的古埃及信仰观念入手，重新理解乱伦主题发生的特定文化语境。

埃及学家亨利·富兰克弗特（H. Frankfort）认为，埃及宗教基本上是关于人的出生、死亡与再生的循环信仰。这个循环的圆又与自然界的循环联系在一起。正是出于这种循环往复的生命再生观念，古埃及人建构出一整套王权仪式，以及服务于仪式的法老亡灵和金字塔建筑。"国王被看作是神这样一种观念，还阐明了王权使活着的儿子荷鲁斯与去世的父亲奥西里斯这两代永远神秘地契合起来了。"[14]2按照神话信仰，男神靠一位既可做自己母亲又可兼做自己妻子的女性重新创造下一代的自己，就像在伊西斯与荷鲁斯的神话中所讲述的。荷鲁斯在父亲奥西里斯死后出生，他可以被理解为父亲的再生或化身。荷鲁斯这样一种儿子兼父亲的双重身份对伊西斯女神而言，具有儿子兼丈夫的可能性。男神不断地重演着死而再生的悲喜剧，而女神却固定在不变的母亲角色中，发挥着辅助男神生命循环的作用。在这里，神话主人公的性别分工十分明确，只有男神可以重新再造出自己的生命，而女神除了帮助男神再造生命之外，却不具备再造自己生命的本领。这样的神话显然是为政教合一的法老权力服务的，因为其故事证明古埃及王权的男性世袭合法性，也对应着现实中流行的"王位继承神秘剧"。王即是神，但是王却不能不死。这一矛盾如何解决呢？——由他的继位者所代表的再生得以补偿。"再生是达到永恒的唯一方法的思想，已经向埃及人表明了一种特别静态的制度，在这一制度中，石棺或木棺与努特等同起来。这样，去世（的）国王实际上被放在他母亲的体内休息，并确保了再生。"[14]254儿子复归母体的丧葬神话观，虽然与精神分析学的复归子宫说吻合对应，却不能看作是埃及人的发明,而是来自至少一万年前的史前墓葬实践。这里需要追问的是,儿子复归母体的丧葬观与古埃及的乱伦神话有没有因果关联?为了追求永生而不惜乱伦的埃及神话,同现实发生的母子乱伦现象(如法老埃赫那吞)又能否对应起来呢?

这两个问题的答案都是肯定的。直接的证据就出自一篇魔法纸草书的叙事:

伊西斯在水上是虚弱的。

伊西斯升到了水面上。

伊西斯的泪水落到了水上。

看,荷鲁斯强奸他的母亲;

而她的泪水落到了水上。[14]258-259

据说,在帕普瑞米斯等地方,还流行一种模拟荷鲁斯一年一度寻访母亲的节庆仪式,而寻母的目的就是和她发生乱伦式的性交。与此类神话和习俗相对应,埃及学家还找到当时人惯用的神话隐喻式称谓——"她母亲的公牛"。这一称号既然曾经适用于一批男神,如埃及神谱中的盖伯、阿蒙等,当然也有理由被埃赫那吞一类效法男神的王者引以为荣。

从时代先后和文化联系两方面看,古埃及底比斯的乱伦神话观构成一种文学原型,并对希腊底比斯的俄狄浦斯传说之叙事结构产生重要影响。但希腊神话不完全是埃及主题的派生或翻版,也不是凭空虚构出来的故事。《俄狄浦斯王》剧中忒拜城的瘟疫,很可能是公元前430年发生在雅典的瘟疫的移植。当时的历史背景是著名的伯罗奔尼撒战争结束的第二年,索福克勒斯本人也曾以将军的身份前往战场。战争后的雅典爆发瘟疫,人们在死亡与疾病中挣扎求生,所以剧作家将灾难连连的雅典场景假托到敌人的邦国忒拜城,也是在情理之中的事情。如此移花接木的安排，场景的置换，舞台的改变，不仅没有影响到剧作的故事情节原有的震撼力量，而且其新设定的希腊现实背景愈发体现出悲剧的精神内核。所以了解了这一历史背景，悲剧第一幕中出现的浩浩荡荡的祈愿情形就不难理解了。舞台上的祈祷声能让我们穿越时空，感受到当时这出悲剧是如何应运而生的。

20世纪后期，一些古典学家提出重新寻找希腊神话和宗教的印欧起源或近东起源。由此，比较研究与整体审视成为新的学术突破口和生长点。[15]3 世界各地的俄狄浦斯主题故事，还原到地中海周边有相互联系的三大上古文明（古埃及、美索不达米亚和古希腊）范围内，其源流和影响的迹象已经逐渐清晰起来。

三、美索不达米亚：杀父娶母的创世观

古希腊三大悲剧家的作品中都曾对巴比伦、埃及、印度、波斯、叙利亚等东方古国有所涉及。① 距今5000多年由苏美尔发端的两河流域位于欧亚非三大洲交汇的中东地区，是人类文明最早诞生的地区之一。古希腊人把两河流域（底格里斯河和幼发拉底河）称作美索不达米亚（Μεσοποταμιά）②，意思为"河流中间的（地方）"。古代两河流域的文学作品伴随着泥版文书的大量考古新发掘，在20世纪才真正为文学研究者所了解。迄今见诸记载的最古老的印欧人种赫梯人，所处特殊的地理

---

① 埃斯库罗斯在《波斯人》52.4中描述巴比伦的散漫军队；索福克勒斯的《俄狄浦斯在克洛诺斯》337.6中责怪自己两个儿子沾染了埃及的风气；欧里庇得斯在《特洛亚妇女》128.3和544.1中谈到埃及的草纸和木箫；索福克勒斯在《安提戈涅》1038.6中提到印度黄金；埃斯库罗斯的《波斯人》整篇都在讲述波斯；埃斯库罗斯在《阿伽门农》1312.2中谈到叙利亚的香烟。

② 希腊文词根为 $μέσος$（在当中的，中间的）加上 $ποταμός$（河流的，河的）。

位置使得他们成为充当两河流域文明、埃及文明和爱琴文明之间的中介链环。就赫梯而言，其主要文学成就在神话传说方面，它所受到的来自两河流域的影响主要体现在《吉尔伽美什》和赞美诗等题材上。[16]大量材料表明，经过以赫梯神话为主要中介的中转，美索不达米亚神话对希腊宗教和神话产生了深刻的影响。[15]3例如，神为惩罚人类而施以瘟疫、灾难的情节，希腊神话与两河流域神话几乎同出一辙。

悲凉而沉郁的苏美尔神话是迄今见诸记载的世界最早的神话。其中就已经明确奏响了以弑父和娶母为特色的俄狄浦斯主题。下文仅以距今4000年的《顿努神谱》（*Theogony of Dunnu*）一篇为例，展开分析。这是一则非常古朴的神话故事，只有短短的41行，以下残缺，无法识别其后续内容。它讲述的是天地开辟之初，儿子杀父和母子乱伦的故事。[17]

太初既兮（？），[犁铧媾地]（第1行）/[谋兴建兮（？）]，家室是治/吾欲破处，壤为坷粒/处壤坷圾（？），造瀚海已/垄迹纷兮，齐诞神羴（第5行）/共筑顿努，永（？）为庇翳（？）/犁治无垠，顿努奉已/地遂举颜，至于其子/谓神羴兮：来我媾尔/神羴相媾，与其母兮（第10行）/遽杀犁铧，乃其父矣/寘尸顿努，父之所怡/神羴履新，继父之位/媾瀚海兮，子之亲姊/迨神禽出，神羴之子（第15行）/神羴见弑，入顿努兮/遂寘其尸，父墓拱矣/乃媾瀚海，乃其母兮/瀚海弑母，亦苍茫地/冬十七日，神禽继治（第20行）/[……]神禽子，媾姊江水/遂弑父母，神禽瀚海/其尸是寘，墓无扰兮（？）泰时之旦，治领奉已/禽子神倌，媾苴杨姊（第25行）/遍地青青，风采依依/羊入厩栏，勤侍弄兮/奉（？）诸先祖，安其家室（？）/又[……]，献诸神祇/神倌杀[……]，与其母水（第30行）/捐弃其尸，置于墓室/于莎[……]日，继位奉已/子哈哈努，媾北妇姊/遂弑神倌，母首殃及/捐弃其尸，置于墓室(第35行)/夏十七日，履新是继/［海亚斯洪］，哈哈努子/媾［……］，亲母于己/适逢新岁，继父为治/未行逆弑，生为相执(第40行)/令其治邑，幽其父……（下残）①

这则神话讲述自然宇宙秩序的发生过程，其表现形式则以太初以来诸神家族谱系的六代子孙沿革作为象征。神人与万物混为一体。第一代是犁铧（Plough）为人之父，大地（Earth）为人之母。生下一对儿女神牪（Cattle God）和瀚海（Sea）。大地和神牪之间的媾和成为世间第一对乱伦母子。然后神牪杀掉犁铧，成为远古儿子弑杀父亲的第一例。神牪与姐姐瀚海结合，生下儿子神禽（Flocks God）。后来神禽杀掉父亲神牪，与母亲瀚海结合，成为弑父媾母的第二例。媾母之后杀父，杀父之后继位的叙事程序表明，苏美尔神话表现的重心在于自然生命力的接替与更新之必然性过程。接下来就是世世代代的母子乱伦，姐弟乱伦，子弑父（patricide）和女弑母（matricide），甚至还有子弑父又弑母的极端暴力情景。由于这里体现的苏美尔创世观是以农作物的生长与收割为动力尺度的，所以宇宙万物都要在植物生命的自然循环中获得生生不息的能量。这是苏美尔农耕社会为了赢得土地的丰饶而表达暴力的神话，其产生的基础当为基于农作物周期性的死而复生（春种秋收）的信仰及牺牲献祭仪式。在数量有限的苏美尔神话中，有突出表现犁铧和锄头一类农具的神性色彩的作品。这就非常明确地透露出其农耕神话信仰的观念基础。[18]换言之，东方古老传说中的弑父媾母行为与农业生产息息相关。

在另外一则后起的苏美尔神话中，讲到苏美尔的水神兼智慧之神确立宇宙秩序的过程，其中关于犁和耕作的发明，皆出于神意。恩基分派

---

① "/"表示行与行的间隔。此处的中译本采用唐均博士在《古代两河流域民间文学》一文中的文言译法。见张玉安、陈岗龙等：《东方民间文学概论》第一卷，昆仑出版社2006年版，第160—162页。

农事神和谷物神行使其神职的细节之后,还有命令司砖神的一幕。可知以谷物生产为前提的定居生活标志——砖屋的建造,也同样具有神圣性。在此可以依稀看到,世界上最早的城邦文明的曙光,是如何随着农业定居生活的发达而显露出来的。

> 嗣后,恩基转而关注土地的文化范畴需求的满足。犁、牛轭、耙等皆在其列;他并命恩基姆杜(恩利尔的农事之神)司掌。恩基又"唤出"耕地,使种种谷物和果实见之于世,并命谷物神阿什南司掌。恩基对锄以及制砖所用的砖模同样关注,并命砖神库拉司掌。他打好地基,以砖建"屋",并命"恩利尔的巨匠"穆什达玛监督之。[19]

如此看来,苏美尔神话和古埃及神话一样,都紧密围绕着谷物农耕现象这个轴心而展开象征叙事。《顿努神谱》中子媾母和子弑父的两个母题根本就不是放在人伦道德的背景下来表现的,而是看作谷物生命再生和永续的必要条件之法则来体现。于是,作为儿辈神的人类弑父并娶母的情节被叙述者当作"太初既夕"背景下的宇宙发生论的一种人格化表演。诚如宗教学家凯伦·阿姆斯特朗(Karen Armstrong)所指出的:

> 在早期神话里,耕作伴随着暴力,食物的生产只有通过同死亡与毁灭的神圣力量展开持续的战斗才可以完成。种子必须要下到土地里去,为了带来收成而去死。种子的这种死亡是痛苦的和不幸的。耕作用的农具看上去就像武器,谷物必须被碾碎成粉;葡萄在酿造成红酒之前必须要践踏成无从辨识的浆状。我们在关于母亲女神的神话中看到了所有这一切。母亲女神的配偶几乎都被撕碎,肢解,残忍地损伤,与谷物一起被杀死,以求重新恢复新的生命。所有这些神话都讲述着对死亡的斗争。[20]47-48

用土地隐喻母亲和子宫，用犁铧隐喻男性性器的二元对立神话模式，也几乎和农耕生产活动一样由来已久。希腊文"犁"书写为ἄροτρον，其字根为ἀρο，而引申词ἄροω可作为男人的象征词。[21]考虑到英文词"arable"（适合耕种的，可开垦的）与希腊词根ἀρο的语源学方面的联系，可以把它作为一个例证，来说明远古的自然隐喻是如何伴随神话思维出现在语言中，并伴随着时代的变迁而凝固在人们的日常用语里的。土地象征着母亲，而开垦土地的犁代表着父亲。在索福克勒斯的《安提戈涅》中，当克瑞翁宣布自己的儿子海蒙与安提戈涅的婚约取消时，说了一句寓意深刻的话："还有其他的土地可供他耕种。"[22]这句话显示出的重要信息是，将女人比作土地，在古希腊的悲剧时代到来以前，曾经随着农业生活的普及而盛行了几千年。在古埃及，智者普塔赫泰普（Ptah-Hotep）就曾对那些做丈夫的男人们提出训诫："要善待你的妻子。她是一块多产的土地，等待着主人去耕耘。"梵文中Keṣtra一词含有"领地；土地；耕地；本源；圣地；子宫；妻子"的意思。[23]而耕地所使用的工具——犁在梵文中可写作sphāla，这个名词的词性为阳性。语言学的解释可以进一步加深对《顿努神谱》中最初男为犁、女为地的理解。

人类的性活动就被看成是与神圣能量实质上相同的东西，该能量足以促使土地丰产。在早期的新石器时代神话中，丰收就被看作是"圣婚"（hierogamy）的产物，一场神圣性的婚配：土地是女性的，种子是神圣的精子，雨水则是天父地母的性爱之产物。对于男人和女人来说，在播种的季节参与仪式的性活动，这是很常见的。他们自己的性交本身也是神圣的行为，能够激发促进土地的生产能力，就好像农夫的锹或犁是神圣的阳具，它打开大地的子宫并用种子使它受精。[20]43

伴随着神话的文学化发展趋向，像《顿努神谱》这样的紧密联系着农耕仪式的暴力血腥的神话,逐渐被边缘化,并随着历史的演进而变得湮没无闻。不过要追溯世界文学中的俄狄浦斯主题起源,目前看来,除此之外,还没有更合适的作品。那些在泥版上难以辨认的楔形字迹悄然地告诉世人它的久远。古希腊广泛地接受美索不达米亚文明的影响有两个时期:第一个时期是公元前 13 世纪和公元前 14 世纪的迈锡尼时代晚期,第二个时期的接触在第一个千年。一种观点认为是公元前 800 年前,另一种观点认为在公元前 850 年前。在希腊现存的材料中,最明显的接受影响是在希腊艺术的东方化时期,它持续了从公元前 750 年到公元前 650 年左右近一个世纪的时间。[24] 其对古希腊文学的发生具有奠基性的作用。无论是史诗还是神话,近东文化带来的巨大影响不言而喻。只要看赫西俄德《神谱》开端处的诸神世系故事中父子相残的叙事,就可以有所领会的。

四、结论

本文从古希腊著名的俄狄浦斯神话入手,从比较文学影响研究的角度上溯其东方渊源。通过对上古地中海文化区三大文明的乱伦神话的整体透视,通过对三者之间关系的梳理和异同比较,揭示出乱伦主题在最早的文明中发生的特定文化观念语境,解读出神话母题发生与农耕信仰的本源性因果关系。人类最早的城市文明都是建立在较发达的农业社会基础上,农耕神话观念的最大特色是将人的出生死亡与农作物生命循环周期相认同。由农耕神话观所诠释的苏美尔创世观体现出两代神祇之间鲜明的乱伦与暴力杀戮倾向。而古埃及的神权政治所诠释的父母子三角关系神话,也不惜以乱伦为代价追求男性生命的再生与王权的永恒。

一个神在他自己母亲那里生出自己的观念，在埃及变成了表达永恒思想的神话形象。因为神能够重新塑造自己，所以神是永恒的，这个神被称为卡穆泰夫——"他母亲的公牛"。[14]259

由于同时受到世界两大东方文明古国的影响，相对晚出的古希腊神话一开始就面对着继承与创新的双重挑战。这是一个从史前迈锡尼时代到雅典民主制时代的漫长过程。一方面，是暴力和乱伦母题在希腊神谱中的延续；另一方面，则有随着人文精神与哲学觉醒而来的崭新的文学气象——对罪恶和命运的反思及人的道德承担。以索福克勒斯的悲剧为代表，希腊文学家完成了对已流行数千年的代际冲突主题的改造和提升，将儿子强奸母亲和母亲诱奸儿子的乱伦主题，以及弑父弑母的暴力主题置换为英雄的无意识过失，让人伦道德引导下的自我问责和另一个异常古老的替罪羊主题组合再造，从而成就了文学史上不朽的伟大悲剧作品。通过对一个世界性的文学主题的古老谱系作追本溯源式探究，我们不仅看到亚非地区文化影响和滋养希腊文化的事实，而且可以更好地理解"青出于蓝"的希腊神话之特有魅力之所在。

参考文献：

[1] Charles Segal. Oedipus Tyrannus：Tragic Heroism and the Limits of Knowledge［M］. New York：Macmillan Publishing Company，1993：13.

[2] Walter Burkert. The Orientalizing Revolution［M］// Near Eastern Influence on Greek Culture in the Early Archaic Age. Cambridge：Harvard University Press，1992：107－114.

[3] 让－皮埃尔·韦尔南. 希腊思想的起源［M］. 秦海鹰，译. 北京：生活·读书·新知三联书店，1996.

[4] 埃斯库罗斯悲剧三种　索福克勒斯悲剧四种［M］//罗念生全

集：第 2 卷. 上海：上海人民出版社，2004：347.

［5］Goux J Joseph. Oedipus, Philosopher. Translated by Catherine Porter［M］. Stanford：Stanford University Press, 1993：51.

［6］クロード·れヴぃ＝ストロース. 构造人类学［M］. 东京：みすず书房，1972：239.

［7］М Н 鲍特文尼克，М А 科甘，М Б 帕宾诺维奇，Б П 谢列茨基. 神话辞典［M］. 黄鸿森，温乃铮，译. 北京：商务印书馆，1985：87－89.

［8］希罗多德. 历史［M］. 王以铸，译. 北京：商务印书馆，1985：140－141.

［9］荷马. 奥德赛［M］. 王焕生，译. 北京：人民文学出版社，1997：64.

［10］王以欣. 神话与历史：古希腊英雄故事的历史和文化内涵［M］. 北京：商务印书馆，2006：205－206.

［11］B Trigger. Ancient Egypt：A Social History［M］. Cambridge：Cambridge University Press. 1985：108－110.

［12］Immanuel Velikovsky. Oedipus and Akhnaton：Myth and History［M］. London：Garden City, 1960.

［13］约瑟夫·坎贝尔. 神话的智慧：时空变迁中的神话［M］. 李子宁，译. 台北：立绪文化事业有限公司，1996：129－130.

［14］富兰克弗特. 王权与神祇［M］. 郭子林，等，译. 上海：上海三联书店，2007.

［15］Walter Burkert. Babylon, Memphis, Persepolis：Eastern Contexts of Greek Culture［M］. Cambridge, MA：Harvard University Press, 2004.

［16］Paul Garelli（études recueilles par）. Gilgameš et sa légende［M］.

Paris: Librairie C. Klincksieck, 1960.

[17] Stephanie Dalley (translated with an introduction and notes by). Myth from Mesopotamia: Creation, the Flood, Gilgamesh and Others [M]. London: Oxford University Press, 1989: 279 – 280.

[18] S N Kramer. Sumerian Mythology [M]. Philadelphia: University of Pennsylvania Press, 1944: 51 – 52.

[19] 塞·诺·克雷默. 世界古代神话 [M]. 魏庆征, 译. 北京: 华夏出版社, 1989: 80.

[20] Karen Armstrong. A Short History of Myth [M]. Edinburgh: Canongate, 2005.

[21] A Greek-English Lexicon [M]. Compiled by Henry George Liddell and Robert Scott. Oxford: Clarendon Press, 1996: 245.

[22] Sir Richard Jebb. Σοφοκλέους Αντιγόνη [M]. Cambridge, 1891: 569.

[23] 荻原云来. 梵和大辞典 [M]. 影印本. 台北: 新文丰出版公司, 1979: 399.

[24] C Penglase. Greek Myth and Mesopotamia [M] //Parallels and Influences in the Homeric Hymns and Hesiod. London: Routledge, 1994: 4 – 5.